A SHORT HISTORY OF

金融
狂热简史

[加] 约翰·肯尼思·加尔布雷思 John Kenneth Galbraith 著　　肖凤娟 译

FINANCIAL
EUPHORIA

中国青年出版社
CHINA YOUTH PRESS

图书在版编目（CIP）数据

金融狂热简史 /（加）约翰·肯尼思·加尔布雷思著；肖凤娟译.
—北京：中国青年出版社，2022.3
书名原文：A Short History of Financial Euphoria
ISBN 978-7-5153-6560-2

Ⅰ.①金… Ⅱ.①约…②肖… Ⅲ.①金融—经济史—世界 Ⅳ.①F831.9

中国版本图书馆CIP数据核字（2022）第022778号

金融狂热简史

作　　者：［加］约翰·肯尼思·加尔布雷思
译　　者：肖凤娟
责任编辑：肖　佳
文字编辑：步欣旻
美术编辑：杜雨萃
出　　版：中国青年出版社
发　　行：北京中青文文化传媒有限公司
电　　话：010-65511270/65516873
公司网址：www.cyb.com.cn
购书网址：zqwts.tmall.com
印　　刷：大厂回族自治县益利印刷有限公司
版　　次：2022年3月第1版
印　　次：2025年4月第3次印刷
开　　本：880mm×1230mm　　1/32
字　　数：54千字
印　　张：4.5
京权图字：01-2021-5055
书　　号：ISBN 978-7-5153-6560-2
定　　价：49.90元

关于作者

约翰·肯尼思·加尔布雷思（John Kenneth Galbraith）于1908年出生于加拿大安大略省。1934年，他获得加州大学的博士学位，之后在剑桥大学获得研究员职位，在那里，他首次接触到了凯恩斯经济学。他曾在哈佛大学和普林斯顿大学任教，著有40余本涉及一系列经济主题的著作。第二次世界大战期间，他担任美国物价管理局副局长，负责防止通货膨胀对战争军事产生不利影响。在肯尼迪执政期间，他担任美国驻印度大使。他于2006年逝世。

目录 CONTENTS

1993年版再版序言

距离我完成这本小书的主要工作已经过去了3年。正如我在之前版本的序言中所写，书中所涉及的是我关注了三十多年的问题。我最先研究这些问题，是在《1929年大崩盘》（*The Great Crash 1929*）这本书中，它于1929年股市大崩盘25周年纪念日不久后出版。自此以后，这本书持续在售。每当这本书快要停印时，新的投机事件或灾难就会使它重新回到公众的视野。在我的一生中，我一直是投机事件的受益者。这些投机事件不仅仅是偶尔的疯狂。

但我坚定的性格使我既没有利用这些事件来证明自己的先见之明，也没有从中谋取蝇头小利。

在本书的第一版序言中，我表达了一个希望，即提醒企业高管、金融界人士以及带有投机情绪和倾向的民众，在投机狂热时刻，不仅是愚蠢的人，还有相当多的其他人，是如何一次次失去他们的钱财。当时我写到了这一警示的社会和个人价值，如今我不那么确定了。我意识到，反复出现的投机性疯狂以及与此相关的金融致贫和更大的破坏，是这一系统固有的。也许人们认识到这一点并接受这样的事实会更好。

在我写完这本书之后的几年中，最近一次投机事件——发生在20世纪80年代——中的主要参与者，几乎都遭遇了他们不可避免的命运，并可悲地导致了更严重的经济后果。那些突然从高处坠落的人的名单很长，我们只需要列举少数几个。迈克尔·米尔肯（Michael Milken），他也许是上一轮繁荣中最引人注目的人物，当然也是赚钱最多的，最近却在最低安全级别的监狱里度日，即便那里不是完全不舒适，也似乎不可能对个人有益。人们猜想他现在已心灰意冷，得过且过。据说唐纳德·特朗普（Donald Trump）不会破产，然而，在最近的新闻报道中，他被描述为拥有负资产净值。毫无疑问，在金融世界里，这些差别非常重要。瑞克曼（Reichman）兄弟与罗伯·甘皮奥（Robert Campeau）是加拿大过度金融化的代表，他们的破产无疑给被他们的亢奋情绪所俘获的银行带来了打击。也许，他们值得称谓的地方在于建立了可以长久纪念其冒险的纪念碑。在伦敦，沿着泰晤士河前往伦敦塔的游客，会延长他们的行程来到金丝雀码头，看看它的开发项目——也许是近期最令人惊叹的投机狂热的例子。

在很大程度上，20世纪80年代的投机狂热出现在房地产领域，包括由美国纳税人担保的，通过储蓄贷款协会①融资的房地产。华尔街的所罗门兄弟（Salomon Brothers）最近估计，目前空置的商业地产被消化平均需要12年时间。但"12年"只是一个平均数。在波士顿，这一时间预计是26年；在纽约，预计是46年；在得克萨斯州的圣安东尼奥（可以说是时间最长的地方），预计是56年。

然而，大量撒钱带来的影响远不止存在于房地产领域，情况光用严峻来描述已然不够，而是让人感到悲哀。当纽约人看到他们伟大的城市象征之一——梅西百货（R. H. Macy），正努力地求生存，努力地为其出售的商品付账，并向破产监管人员支付紧迫的费用时，几乎都潜然泪下。这个大公司陷入困境的原因是毋庸置疑的：在金融掠夺和毁坏的那些年中，为了获得并维持控制权，它负下了巨额债务。在全国范围内，其他企业也遭遇了相同的困

① 储蓄贷款协会是在美国政府支持和监管下专门从事储蓄业务和住房抵押贷款的非银行金融机构。

境，背负着类似的巨额债务。和它们一起受压迫的还有银行业，这些银行支撑地产投机，为并购、敌意收购、杠杆收购和其他金融破坏活动提供信贷。

然而影响还不止这些。虽然每周都有经济复苏的预测，但始于1990年夏季的萧条却仍然顽固地持续着，这几乎可以肯定是由投机崩溃所导致、加深和延长的。公众信心动摇，企业投资被削减，陷入困境的银行被迫严控信贷，工人被解雇，公司高管和官员的职位被裁。（雇主一般不辞退或解雇高薪人员，但为了提高效率，他们只是职位被裁。）

投机崩溃带来的影响还没有结束。如果没有投机过度和崩溃所带来的较大经济影响，1992年的政治历史可能会大大不同。是繁荣和崩溃结束了乔治·布什（George Bush）的政治和总统生涯。如果没有萧条，而是有一个运行良好的经济，甚至是只有一个表现一般的经济，他也会再次当选。布什和赫伯特·胡佛（Herbert Hoover）一起，成为了本世纪被华尔街所毁的两位总统。在政治领域，就像在其他领域一样，人们必须提防自己的朋友。

对于布什来说，并不是所有事情都将是糟糕的。约翰·劳（John Law），18世纪初法国大繁荣时期的权威人物，落入了悲惨流亡的命运。一些政府官员因南海泡沫也遭遇了同样的命运。相比之下，布什和加州的里根，将过上非常体面的退休生活。大投机繁荣及其崩溃的历史，只在微小的方面有所改变，很大程度上它们都有着惊人的相似。

第一章

投机事件

1

任何一个人作为个体时还算明智——当其作为群体中的一员时，就立刻变成了傻瓜。

——弗里德里希·冯·席勒

（由伯纳德·巴鲁克引用）

　　自由企业经济会反复出现投机事件，这一观点被人们所认同。这些事件——或大或小，涉及银行票据、证券、房地产、艺术品以及其他资产或物品——经过多年或者几个世纪之后，都成为历史的一部分。这些投机事件的共同特征尚未得到充分分析，而这些特征能够针对反复发生的投机事件发出准确的信号，因此在帮助理解和预测投机事件方面具有很大的实际价值。一旦投机狂热回归，价值和财富会快速上升，公众争相参与并推动价格节节攀升，最后崩盘，市场陷入一片沉闷和痛苦之中，此时法规与更正统的经济知识都不能保护个人和金融机构。只有对这些必须被保守地描述为"大众癫狂"的事件的共同特征有清晰的认知，投资者才能得到保护。也只有这样，投资者才能得到警示和拯救。

然而，这样的警示并不太受欢迎。短时间内，它会被说成是由于不充分的理解或是不受控制的嫉妒心而导致的对追求财富的美好过程的一种攻击。更持久地来讲，它会被认为是对市场本身固有的智慧缺乏信念的表现。

对于任何愿意理解的人来说，投机事件更明显的特征是一目了然的。一些艺术品或者开发项目，看起来是全新且值得拥有的——荷兰的郁金香、路易斯安那州的黄金、佛罗里达州的房地产、罗纳德·里根（Ronald Reagan）卓越的经济设计——它抓住了金融界的心。投机对象的价格上升，证券、土地、艺术品和其他资产，在今天购买，明天就会增值。这种增长和前景吸引了新的购买者；新进入的购买者导致了进一步的价格上涨。接着更多的人被吸引；更多的人购买；价格进一步上涨。这种投机行为为其自身提供了动量。

这个过程，一旦被认识到，就会清晰地显现出来，特别是在投机事件发生之后。同样，如果从更主观的角度来看，参与者的基本态度也是显而易见的。这可划分为两个阵营：有些人相信，新的价格上涨环境在掌控之中，他们认为市场会持续上涨，很可能会无限制地上涨。市场正在适应一种新局面，一个回报和价值大幅增加，甚至无限增加的新世界。还有一些人，通常数量更少，表面上更加精明，察觉或相信自己察觉到了当下存在的投机情绪。他们进入市场，想要乘上上升的浪潮；他们确信自己的特殊天赋将引领他们在投机活动结束之前退出。他们将会从持续的增长中得到最大的回报，在最终的暴跌前退出市场。

投机局面下市场最终会出现不可避免的暴跌。这种境况注定不会温和地来临或者逐步来临。当它到来时，它带有灾难的狰狞面孔。这是因为投机情境中的两组参与者都会突然争先恐后地逃离市场。尽管总是备受争议，但最终触发反转的原因到底是什么并不重要。那些一直在上升浪潮中的人认定此时就是脱身的机会。那些认为市场的增长会永远持续的人发觉他们的幻想突然破灭了，他们也通过抛售或试图抛售来应对新的现实。于是市场崩溃。几个世纪的经验证明了一个规律：投机事件总是以一声巨响而非一声抽泣告终。人们将有机会看到这一规律的频繁重复。

以上我所说的这些都是清晰易见的，而较少被理解的是关于投机情绪的群体心理。当它被完全理解时，那些非常幸运的人能够从灾难中解救自己。然而，出于群体心理带来的压力，获救的人只能是广泛存在并有约束力的规则的例外。他们需要抵抗两种强劲的力量：第一，是在狂热的信念中产生的强大的个人利益；第二，是代表这种信念的公众和看似优越的金融观点带来的压力。这两种力量都证明了席勒的格言，即群体使得个人从理性转变为愚蠢，正如他所言："与愚蠢作斗争，诸神们也是徒劳。"

尽管只有少数观察者注意到了伴随着投机狂热的错误而来的既得利益，但这其实是一种看似极为合理的现象。参与投机的人正经历着财富的增长——变得富裕或者更加富裕。没有人愿意相信这是偶然的或不应得的，所有人都希望认为这是他们自己卓越独到的洞察力或直觉的结果。价值的增长困住了那些被赞赏者的想法和思维。投机，以一种非常实际的方式，收买了参与者的智力。

这对于上面提到的第一组人来说尤其如此——他们确信价值会永久无限地增长。那些认为自己能在投机游戏中取胜的人的虚荣心也因此增强。他们笃信他们独特的个人才智告诉他们会得到更多的金钱。在上个世纪，财经作家、《经济学人》（*The Economist*）的早期编辑沃尔特·白芝浩（Walter Bagehot）是那些年常见的狂热事件中最敏锐的观察者之一。我们要感谢他的观点："所有人在最快乐的时候也是最轻信的。"

1929年，银行家同行们和投资公司抨击了保罗·M. 沃伯格（Paul M. Warburg），因为他警告说会发生崩盘

声誉良好的公众和金融舆论谴责那些表示怀疑或持有不同意见的人，有力地强化了狂热中的既得利益。这些表示怀疑的人被认为缺乏想象力或有其他心智上的不足，无法把握全新且具有高回报的市场环境。或者他们的动机被质疑为十分

可疑。当时最受尊敬的银行家和美国联邦储备系统的创始人之一，保罗·M. 沃伯格，对正在发生的"无节制的投机"进行了批判，并表示如果投机行为持续下去，最终将会造成灾难性的崩溃，国家将面临严重的萧条。人们对他做出的陈述反应激烈，甚至恶毒。人们认为他的观点是过时的，认为他"正在打击美国的繁荣"，认为很有可能他自己在市场上做空。这一回应可不仅仅包含着反犹太主义的阴影。

不久，在1929年9月，罗杰·巴布森（Roger Babson），在当时对统计学、市场预测、经济学、神学和万有引力定律有广泛兴趣的重要人物，明确地预见了一场崩溃，并表示"这可能十分可怕"。道琼斯指数将下降60至80点，由此，"工厂将会关闭……人们将会失业……这一恶性循环将全面展开，结果将是严重的商业萧条"。

巴布森的预测造成了市场大幅下挫，人们对

此的反应比对沃伯格的反应更为愤怒。《巴伦周刊》（*Barron's*）表示，任何熟悉他过去"臭名昭著的不准确"言论的人都不应该把他的言论太当回事。伟大的纽约证券交易所的霍恩布洛尔和威克斯（Hornblower and Weeks）公司对其客户说了一句非常响亮的话："我们不会因为一位著名统计学家对市场毫无理由的消极预测而匆忙抛售股票。"即使是指数构建的先驱，当时最具创新精神的经济学家，耶鲁大学的欧文·费雪（Irving Fisher）教授，也强烈公开反对巴布森。这是对所有人的一个教训，即要保持沉默，暗中支持那些沉溺于狂热愿景的人。

在这里，我想引用我的个人经历，希望不要被指责自满。1955年冬末，当时的参议院银行和货币委员会主席J. 威

经济学家罗杰·巴布森对1929年崩盘的预测使得他遭受了当时的大金融机构的严厉斥责

廉·富布赖特（J. William Fulbright）召开听证会商议在证券市场上发展适度的投机的问题。我和当时纽约证券交易所的负责人伯纳德·巴鲁克（Bernard Baruch），以及其他真实的或所谓的权威人士一起被邀请作证。我没有预测市场崩盘，而是详细地提醒委员会四分之一个世纪之前发生了什么，并且竭力主张大幅提高保证金要求——即购买股票的首付款，以保护投资者。在我作证时，市场经历了大幅下跌。

接下来几天的反应十分强烈。邮递员每天早晨带来一大堆谴责我的评论的信件，信件中最极端的是威胁要采取中央情报局（CIA）代号为exeutive action的暗杀行动，最温和的则是为我应得的死亡而祈祷。几天之后，我在一场滑雪事故中摔断了腿，新闻记者看到我打着石膏，就报道了这件事。投机者来信称他们的祈祷得到了回应。我为宗教做了一点小小的"贡献"。我把其中最具震撼力的信件张贴在哈佛大学的一间研讨室里，作为对年轻人的指导。不久市场恢复了，我的信件也恢复了正常。

一个更近的个人经历是1986年秋，我的注意力开始集中于发生在股票市场上的投机、程序化和指数交易中赌场式的表现以及企业掠夺、杠杆收购和并购热潮带来的市场狂热。《纽约时报》（*The New York Times*）让我就这个主题写一篇文章，我欣然应允。

遗憾的是，当我的文章完稿时，《纽约时报》的编辑认为它过于令人恐慌。我明确表示市场正处于典型的狂热情绪之中，崩盘是不可避免的，并且深思熟虑地回避了任何关于确切时间的预测。1987年初，《大西洋月刊》（*the Atlantic*）欣然发表了这篇被《纽约时报》拒绝的文章。（后来，《纽约时报》不再拒绝，与《大西洋月刊》的编辑们商定后发表了一份内容大体相同的采访。）然而，在那年

10月19日的崩盘发生之前，这篇文章只收到了零星且令人不快的回应。"加尔布雷思不喜欢看到人们赚钱"是其中一个较有破坏性的评论。然而，在10月19日之后，几乎所有我遇到的人都称其已经阅读过这篇文章，并且十分欣赏它；在崩盘发生当天，来自东京、美国各地以及巴黎和米兰的约40名记者和电视评论员给我打电话，让我发表评论。显然，考虑到狂热情绪的本质和其中的既得利益，批评家必须等到危机发生之后才能获得认可，掌声就更不用指望了。

总而言之，投机狂热事件被那些参与者的意志所保护和维持，以便证明让他们变得富有的环境是合理的。狂热事件也同样被人们忽略质疑者、驱赶质疑者或者谴责质疑者的意志所保护。

在回顾过去发生的大型投机事件之前，我想进一步指出引发、维持和刻画投机事件的力量。当它们重现时，总能引起新一轮的惊讶、惊奇和热情。

我们将看到所有的这些力量以几乎不变的形式一次又一次地出现在我所记载的历史当中。

第二章

投机事件的共同特征

2
CHAPTER

在接下来的几章中，我将回顾过去三个世纪发生的几次大型投机事件。正如我们已经观察到的，这些投机事件的共同特征反复出现。这一点具有非常重要的实际意义。认识这些共同特征，明智的个人或机构会得到，或可能得到警示。也许有一些（人或机构）能从中得到警示，但是正如前一章所指出的，这种可能性并不太大，因为投机事件中包含了狂热情绪，它是群体对现实的逃避，这种逃避让人们从不认真思考正在发生的事情的本质。

促成并支撑这种狂热情绪的另外两个因素是我们现今和过去都很少提到的。第一个因素是金融记忆的极度短暂性。因此，金融灾难很快被人们遗忘。更深远的后果是，当相同或相似的情况再次发生，有时仅仅是在几年之后，新的一代人，往往是年轻、总是极度自信的一代人又会欢迎它们，将它们当作金融以及更广阔的经济世界的杰出创新发现。很少有人类努力奋斗的领域像金融一样，历史在其中的重要性如此之低。过去的经验，充其量就是一点记忆，被认为是那些缺乏洞察力以至于无法欣赏现在不可思议的奇迹的人的原始避难所。

第二个促成投机狂热和必然崩盘的因素是金钱和智力之间似是而非的联系。提出这一点并不是为了赢得掌声，但是，它必须被人们接受，因为接受这一点非常有用，是防止个人或机构发生灾难的重要保护。

基本情况相当清楚。在所有自由企业经济（曾被叫做资本主义）的认知中有一种强烈的倾向，即认为个体拥有或关联的财富（不论是收入还是资产）越多，他对于经济和社会的见解就越深刻、越令人信服，他的思维过程也越机敏和透彻。财富是衡量资本家成就的标准。财富越多，成就就越大，支撑其成就的智力水平也越高。

进一步来说，在一个对很多人来说很难获得钱财并且所得钱财也明显不足的世界里，拥有大量的钱财似乎是一个奇迹。相应地，财富的获得也必然与某些特殊的才能相联系。这种看法随后又被富人表现出的自信和自我肯定的气质所强化。"恐怕你根本不懂金融。"没有什么比这句话更粗鲁唐突地指出普通门外汉的智力低下。事实上，这种对财富拥有者的崇拜再次表明了刚刚提到的记忆的短暂性、对历史的忽视，以及随之产生的自我和大众妄想的能力。无论是过去还是现在，有钱常常可能意味着这个人愚蠢地对法律的约束漠不关心，在现代，他很可能被关进安全级别最低的监狱。或者这些钱财是继承得来的，而且，众所周知，敏锐的头脑无法可靠地从父辈传给后代。在所有这些事情上，如果对所谓的金融天才进行更仔细的审查，对他或她进行严肃细致的询问以测试其智力，通常会得出不同的结论。不幸的是，这样的审查很少；同样，对他们的财富或者表面上获得财富的能力的审查通常也被排除在外。

最后更具体地来说，我们强行把非凡的智力与大型金融机构——大型银行、投资银行、保险公司和经纪公司的领导层相联系。一个人控制的资本资产和收入流量的规模越大，人们就认为他对金融、经济和社会的认知越深。

实际上，就像在大型机构里经常发生的那样，这些机构的高层人物之所以处在高位，是因为他们的思维最容易预测，因此，从官僚主义角度，他们是竞争人才中最不具危害性的。他们被授予一种权威，这种权威鼓励下属的默许和崇拜者的掌声，并且将不利意见或批评排除在外。他们也因此在可能犯了严重错误的情况下依旧受到了众人的追捧。

另一个因素也在起作用。在长期的习惯、传统，特别是借款人的需求和愿望的影响下，贷款人在日常生活中被给予了特别的尊重。这很容易使得贷款人将这份尊重转变为个人智力优越性的证明——既然人们如此尊重我，那么我一定是明智的。因此，自我审视——使人保持理智的最有力的工具——就处于危险之中。

这并非理论上的空谈。在20世纪70年代，纽约最显赫的银行和银行家们，大大赞扬自己在循环利用阿拉伯产油国存款方面的成功，结果却是向拉丁美洲、非洲和波兰提供了长期不良贷款。这些并不明智的人控制着大笔资产，他们通过俄克拉何马城（Oklahoma City）可笑的佩恩广场银行（Penn Square Bank）向附近油田注入资金。他们在达拉斯和休斯敦为得克萨斯州大型的石油和房地产投机的种种灾难事件提供资金。在20世纪80年代，他们在全国范围内发起并利用了可怕的储蓄和贷款灾难。

在接下来的几章中，我们将会看到，并且是反复看到，投资大众是如何被"伟大的金融头脑"所吸引和俘获的。大众的着迷源自金钱运作的规模，以及一种感觉——涉及到如此多的资金，背后支撑的智力资源肯定不会少。

只有在投机崩溃之后，事实才浮出水面。曾经所谓的异常敏锐结果只不过是与资产的一点偶然和不幸的联系。在悠久的历史中，那些被误判的人（往往包括被他们自己误判）的结果是名誉扫地，受到辱骂，或隐退到阴暗的深处。或者是被流放、自杀。又或者在现代，至少是不太舒服的监禁。这里将经常重申一个规律：金融天才只存在于市场崩盘之前。

现在让我来谈一谈投机事件的具体特征。

在这些事件中，人们都一致地认为世界上产生了新的东西。正如我们将看到的，它可以是众多事物中的一个。就如下一章将讲述的，在17世纪，它是郁金香在西欧的出现。后来，它是看似很神奇的股份公司（现今被称为公司）。最近，在美国，在1987年大崩盘之前，它是市场对罗纳德·里根自信的、"自由企业"的愿景的适应，伴随着经济从政府、相关税收、反垄断和监管的手中被释放出来。与从前一样发挥作用的是重新发现了杠杆，这一次以高风险或垃圾债券的形式出现。它们成了新一代企业掠夺者和杠杆收购专家的神奇工具。

在所有的投机事件中，总有人骄傲地认为自己发现了新的回报丰厚的金融工具或投资机会。这么做的个人或者机构被认为很大程度上走在了人群之前。当其他人紧随其后，急于开发他们自己的构想时，这一观点就得到了证实。这种认为发现了新的独特之物的看法会提升参与者的自我价值感，同时，也会充实他们的钱袋，并且在一段时间内确实如此。

然而，对于新的金融工具而言，经验给出了一条坚实的规则。这一规则就是，金融业务并不适合创新。被反复描述和赞扬的，无一例外，都是在既有业务上的一点小变化，它之所以具有独特性是因为前面提到的金融记忆的短暂性。金融世界一次又一次地赞扬"车轮"的发明，而这种"车轮"常常是以往的"车轮"的一种轻微的且更不稳定的变体。所有的金融创新，都是以一种或另一种形式，涉及开发以或多或少的实物资产为担保的债务。最早的一个看似是奇迹的发明就是真实的例子：银行发现它们能够印制钞票并以超过银行保险库的硬通货储备的数量向借款人发行。人们相信或希望，储户不会一下子都来取钱。在一定数量的硬通货基础上，债务似乎可以无限制地杠杆化。这真是一件美妙的事。然而，当一些令人震惊的消息出现，也许是关于杠杆本身的程度，造成太多的原始储户同时想要取出存款时，这一限制就变得明显起来。之后所有的金融创新都包含了与此类似的以更有限的资产为杠杆进行的债务创造，只是对早期的设计进行了一些修改。所有的危机都以这样或那样的方式涉及债务，并且这些债务已经危险地超出了可支付资产的规模。

更多时候，甚至连表面的创新都不存在。在20世纪20年代，正如我们将会看到的，控股公司被创造出来了。公司的所有者，也就是股东，发行债券和优先股以购买其他股票。在一段时间内，后者的价值增值，并都归股东所有。这被宣扬为那个时代的一个金融奇迹。事实上，这依然是一种杠杆，最多只是以一种稍有不同的外表出现而已。

20世纪80年代，在后来被称为并购狂潮的时期，企业掠夺者和他们的投资银行推手以被收购公司的信用为抵押大量发行债券。受到威胁的企业的管理层也以类似的方法发行债券，购买并赎回其公司的股票，从而维持其控制权。这又是一个所谓的创新和冒险的时代。事实上，这只是杠杆的再次出现，甚至连术语都不是新的。

需要补充的是，这样发行的债券利率很高，以用来补偿其所产生的风险。一时间，这也被视为一种重大的新发现，尽管这些金融工具被赋予了相当不利的称谓，即垃圾债券。德崇证券（Drexel Burnham Lambert）投资公司的迈克尔·米尔肯，垃圾债券发行的承销商，被誉为金融领域的创新者。他在1987年获得了5.5亿美元的收入，人们认为，他如此有创造力，又拥有类似于爱迪生的声望，这一收入是他应得的。作为一个推销员，有时也被称为促销员，米尔肯先生的才能和出众的勤奋是毋庸置疑的，但是，发现以有限资产为杠杆的高风险债券应该具有更高利率这件事很难与电灯泡的发明相提并论。依然还是车轮，在这里是一个特别不牢固的车轮。

投机事件最后的共同特征——在股市、房地产市场、艺术市场或垃圾债券中——是在不可避免的崩盘之后所发生的事。这，无一例外，将是一段充满愤怒和互相指责的时期，也是一段很不细致的反省时期。愤怒将会集中于早先因其金融想象力和敏锐度而最受崇拜的人身上。他们中的一些人，相信自己可以不受正统观念的约束，正如前面所说的，他们触犯了法律，如今他们倒下，有时遭遇监禁，终于使正义得到了伸张，人们也因此获得了满足感。

同时，人们还将审视以往备受称赞的金融工具与实践——纸币、难以置信的证券发行、内幕交易、市场操纵，以及最近的程序化和指数交易——这些都为投机活动提供了便利和资金。针对监管和改革的讨论也将出现。但是却没有人讨论投机本身及其背后的异常乐观的情绪。没有什么比这更值得注意了：在投机之后，现实将几乎被忽视。

这有两点原因。首先，许多人和机构参与了投机事件，尽管把错误、轻信和过度（狂热）归咎到某个人甚至某一特定的公司是可以被接受的，但是将其归咎到整个社会被认为是不合适的，当然归咎于整个金融界也被认为是不合适的。社会中广泛存在的天真，甚至是愚蠢，是显而易见的；然而，提到这一点，就与前面提到的智力与金钱密切相关的假设背道而驰。人们认为，金融界的智力不会犯这种过分的错误。

投机情绪和狂热免于被指责的第二个原因是一种宗教般的信仰。在公认的自由企业学说看来，市场是外部因素中立而准确的反映；市场不会受到自身内在固有缺陷的影响。这是经典的信仰。所以人们需要找到导致崩盘的市场以外的原因，无论这个原因有多牵强，或者是一些抑制了市场正常表现的滥用市场的行为。

再说一遍，这并不是空洞的理论问题，而是有十分实际的后果，而且，正如我们将看到的那样，这些后果在我们这个时代尤其明显和重要。1987年股市崩盘之前的几个月甚至几年具有疯狂投机的特点，这一点没有人会严肃否认。但是崩盘发生之后，人们很少或者根本不把崩盘发生的原因归咎到投机行为上来。相反，联邦预算的赤字被认为是崩盘发生的决定性因素。纽约证券交易所、证券交易委员会和总统特别委员会的研究都继续了这种逃避现实的做法，所有研究都忽略或最小化了投机行为的影响。在我们的文化中，市场是一种图腾，不能认为它有任何内在的反常倾向或错误。

我们有足够的理由对投机过度的历史和其影响感兴趣。人们喜欢，尤其是从远处观赏群体疯狂的戏剧。了解每个投机事件恒久不变的结局有一种个人拥有预见性的感觉。但观察刚才提到的共同特征是如何确凿地反复出现也具有极高的实用价值。当看到更早期的迹象重现（它们注定会出现），我们将有机会作为一个脆弱的个体得到警示，虽然基于金融狂热的巨大力量，这种机会注定很渺茫。为

此，我现在谈谈过去重大的投机事件以及它们的共
同特征。

第三章

经典案例1：
郁金香狂热，约翰·劳和皇家银行

　　如果是个人投机者的泡沫，可能不会给稳定的企业流带来损害。但要是企业自己成为投机旋涡中的泡沫，情况就会变得严重起来。

——约翰·梅纳德·凯恩斯

《就业、利息和货币通论》

　　不可否认，早在佛罗伦萨人和威尼斯人的时代就出现了投机事件。费尔南·布罗代尔（Fernand Braudel）是法国的经济历史学家，在投机问题上是公认的专家，他认为热那亚、佛罗伦萨和威尼斯等地早在14世纪就出现了活跃的证券市场，并且早在那之前，就有活跃的硬币和商品交易，而且几乎可以肯定，买入和卖出不是基于现值，而是基于想象中的预期价值。

然而，首个现代股票市场在17世纪初诞生于阿姆斯特丹——"现代"二字尤其表现在其交易量的规模上。荷兰位于稳定开阔的地带，当地人们的性格偏严肃稳重，然而17世纪30年代，历史上的首次巨大的投机泡沫就是在这里出现的。直至今日，它仍然是最引人注目的事件之一。出乎意料的是，人们投机的不是股票、房地产或是什么极好的荷兰绘画作品，而是郁金香球茎。过去350年来，这一投机事件以自己的专有名词流传下来——郁金香狂热。

郁金香——百合科郁金香属植物，大约有160个品种——大多生长分布在地中海东部国家及这些国家以东的地区。郁金香球茎首次引入西欧是在16世纪；1562年，一批从君士坦丁堡运抵安特卫普的郁金香球茎，被认为对这种花卉的知识和鉴赏的普及起到了至关重要的作用。随后，人们对于这种花卉的鉴赏热情不断高涨，拥有和栽培郁金香能给人带来巨大声望。

我们发现，当大众把想象力投向某些商业或者金融领域中看似新兴的事物时，投机就有迹可循了。郁金香外观艳丽且颜色多样，就是最早这样的事物之一。直至今日，它仍是投机对象中非常特殊的一种。没有比这更不可思议的事物可以很好地展示大众幻觉。

人们开始希望拥有并展示越来越小众的郁金香品种。这种对奇特花卉的欣赏迅速让位于对价格上涨的吹捧，而价格增长的幅度取决于它们的外观和稀有程度。因此人们开始购买郁金香球茎，到了17世纪30年代中期，郁金香价格的增长似乎已经没有上限。

这场投机的浪潮很快吞没了整个荷兰。任何一个具备些许思维灵敏度的人都不甘落后。郁金香的

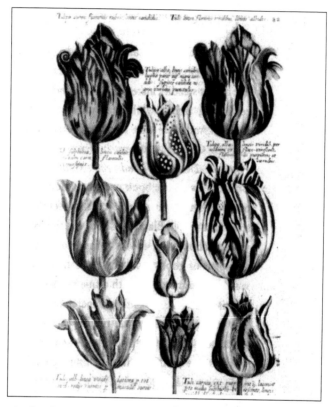

1611年，约翰·西奥多·德·布雷（Johann Theodore de Bry）完成了植物学书籍《花卉新鉴》（*Florilegium Novum*），该图鉴采用铜版直刻记录了众多新型花卉。他大概没想到郁金香在未来会有价值上的飙升，短短20年后其中一些的价值就将高达25,000至50,000美元

价格高到离谱；到了1636年，原先没有什么价值的

郁金香球茎，如今却可以交换到"一驾新马车、两

匹灰色骏马和一套完整的马具"。

这种投机愈演愈烈。在郁金香还在地里的时候，郁金香球茎就开始被转手，而且无论转手多少次，其价格都在稳定大涨，并带来丰厚的收益。也有一些糟糕的意外情况会发生。《大癫狂：非同寻常的大众幻想与群众性癫狂》（*Extraordinary Popular Delusions and the Madness of Crowds*）是一部分析投机行为（和各种其他非理性行为）的经典著作，作者查尔斯·麦凯（Charles Mackay）在书中讲述了《布莱维勒游记》（*Blainville's Travels*）中的一个故事：一位年轻水手因为带来了一批来自黎凡特货物的消息，一名商人奖励他一条上好的熏鲱鱼作为早餐。后来这位沉浸于郁金香投机的商人发现其丢失了一株"永远的奥古斯都"的郁金香球茎，其价值高达3000弗罗林，相当于现在的2.5万至5万美元。当他去找水手进行询问时，却发现水手正心满意足地就着熏鲱鱼将球茎吞下肚，水手认为这个普通的玩意儿和洋葱差不多，是可以作为鲱鱼的佐料一块儿吃的。

　　书中，查尔斯·麦凯还用了一段篇幅来描述投机热下荷兰的气氛，令人记忆深刻：

　　　　1636年，人们开始疯狂追求郁金香的稀有品种，阿姆斯特丹证券交易所中已经形成了定期的郁金香交易市场，其在鹿特丹、哈利姆、莱顿、阿尔克马尔、霍恩等地的分所也是如此。一开始，如同所有的投机狂热那般，所有人的信心都达到了顶峰，每个人都从中获利。郁金香的投机者们在价格低点买入，高点卖出，赚取差价从而获得巨大利润。很多人因此迅速身价大涨。面对这种极具诱惑力的金诱饵，人们很难不上钩，于是纷纷涌入郁金香市场，和围在蜜罐旁的苍蝇无异。大家都幻想这股郁金香热能高涨不退，世界各地的富人都会涌入荷兰，不论出什么价，这些富人都愿支付。欧洲的财富将集中在须德海海岸附近，而贫穷将被驱逐出这一宝地。不论是贵族还是平民，或是农民、工匠、水手、男仆、女仆，甚至是烟囱清扫工和老裁缝女工，都在买郁金香。从上至下的各个阶级都把财产变现再投进郁金香市场中。房屋和土地被贱卖以获取现金，或者直接作为支付工具在郁金香市场上被低价出售。外国人很快也陷入这一疯狂的旋涡，于是钱从四面八方涌入荷兰。生活必需品的价格逐渐提高：房屋、土地、马匹和马车以及各类奢侈品的价值随着郁金香一起被抬高，这几个月以来，荷兰仿佛是普路托斯财神的前厅。随着交易不断地扩大和复杂化，人们发现必须制定一系列法律来指导交易商……在没有交易所的小镇上，主要的酒馆就成为了"展示场所"，郁金香在此交易，价格高低起伏，人们在奢侈的娱乐活动中确认他们的交易。当地有时举办两三百人规模的宴会，大花瓶中盛开的郁金香也被定期摆放在桌子和餐柜上，供就餐中的宾客欣赏。

一切看起来那么美好，历史上荷兰人似乎从未如此受宠。根据主导此类事件的恒定规则，价格的每一次高涨都会吸引更多的投机者加入。与此同时，这也证明了那些已经参与的投机者的希望的合理性，为其进一步的行动和增长铺路，从而保持财富不断汇集和增加。有些人甚至借钱来购买。小小的郁金香球茎撬动了巨大的贷款量。

1637年这场热潮走向尾声。主导规则再次起了作用。已经醒悟的人和焦虑不安的人开始脱身，没有人知道其中的原因；一些人看到他们脱手，也着急出售，由此引发了恐慌；价格迎来断崖式的跌落。要知道那些投机者中的一大部分还是用抵押财产的贷款购买郁金香的，也就是利用杠杆，他们要面临突如其来的财产剥夺甚至破产。据麦凯说："大量商人几乎沦为乞丐，很多贵族失去家产，陷入万劫不复的境地。"

　　这场灾难之后，人们极端痛苦，互相指责，到处寻找替罪羊——这很正常，且避免提及这场灾难的真正原因是大众的狂热。有些人虽然之前以极高的价格签订了合约，但都纷纷选择违约。卖方愤怒至极，当他们要求法庭强制执行合约时，法庭却认定这属于赌博，不予执行。与近代以来破产的银行和储蓄贷款协会一样，国家成为了最后的求助对象。唯一的补救办法就是将郁金香球茎的价格恢复到崩盘前的水平，但显然就连这也做不到，所以郁金香暴发户们都损失惨重。

　　这场风波中，又岂止投机者们遭遇不幸。郁金香价格的暴跌还带来了贫穷，使荷兰的经济状况恶化，用现代术语来说，随后出现了明显的经济萧条。除此之外，它仅带来了一个还算不错的结果：郁金香仍然在荷兰种植，并形成了广阔的花卉和球茎市场。春天里，荷兰这片平静宜人的土地上盛开

约翰·劳通过出售路易斯安那州的黄金财富（实际并不存在）股份来偿还法国债务，这一计划以失败告终

的郁金香花田，令所见之人永远保留这样一种感觉：郁金香狂热的确预示着大自然真正的优雅。

和其他重大投机事件一样，在郁金香狂热的历史中，缺少主要参与者的名字。在接下来的经典事件中，我们会幸运一些，因为这一事件由一位金融史上的核心人物主导，即苏格兰人约翰·劳（John Law）。

即便是在约翰·劳的案例中，也有必要提醒一句：我已反复叮嘱过，对所有所谓的金融创新都要保持高度怀疑的态度。因为这种创新仅仅表面上是新的，是旧设计的一些变体，非要说新的话，只能说它在金融界短暂而有缺陷的记忆中是新的。要论约翰·劳的名气，几个世纪以来无人能出其右；《大英百科全书》（Encyclopaedia Britannica）称他集诚实和金融天赋于一身。然而，他在这一案例中的所作所为却令人存疑。

1671年，约翰·劳出生于金融从业家庭。他的父亲是爱丁堡的一位金匠，和行业中的其他人一样，他热衷于持钱和放贷。约翰·劳年轻时就来到伦敦，在这里过着奢侈享乐的生活，他似乎对银行和金融方面开始感兴趣。但他在1694年被迫中断了金融方面的学习，因为当时在伦敦市中心附近的地方，即现在的布鲁姆斯伯里，他在一场决斗中不光彩地胜出了。他用剑"刺向对手的腹部"，打败了对手，因此被逮捕并被判入狱。就在无休止的诉讼过程中，约翰·劳找机会成功越狱，人们认为这是得到官员默许的。他离开伦敦前往欧洲大陆，随后几年，凭借高超的算术技巧，他成了赌场上的常胜将军，并靠赌术来混日子。据说，他在当时的掷骰子赌局中能算出赔率，然后赢得盆满钵满——这一点在现代会让他被禁止上桌。

　　在荷兰，他观察了伟大而成功的阿姆斯特丹银行的运作，思考了银行业务，以及创办土地银行的想法，即银行接管土地财产，发行以房地产为担保的票据作为贷款。但是票据持有人究竟如何赎回土地尚不确定。然而，这一设想对他未来在巴黎的职业生涯很重要。1716年，他短暂回到苏格兰后，试图在那里推广他的计划，毫无疑问，该计划被明智且果断地拒绝了。

　　巴黎更加容易听信建议，直白点说，就是更加不幸。约翰·劳可是碰上了好时机。法国国王路易十四一年前驾崩，留下了后来被证明对约翰·劳来说很重要的两笔遗产，一个是年轻的路易十五的摄政王，菲利普二世——奥尔良公爵，可以说他是一个愚昧不堪又极其放纵的人。另外一个就是枯竭的国库与巨额债务，这主要是由于路易十四连年对外发动战争，对内又极度奢侈浪费，以及税款包收人中广泛存在的贪污腐败。这两个大窟窿对约翰·劳至关重要，他当然要抓住这一机会来实施自己的计划。

1716年5月2日，约翰·劳得到授权在巴黎建立一家资本约600万里弗尔的银行，这便是后来的"皇家银行"。政府授予皇家银行发行纸币的权力，以便用所发行的纸币来支付政府当时的开支，并帮助政府偿还债务。原则上，只要人们愿意，这种纸币可以兑换成硬币，在当时很受欢迎。在大受欢迎后，银行随之发行了更多纸币。

很显然，银行需要利润来源，这将带来收入，从而支持纸币发行。这在理论上可以通过密西西比公司——随后是拥有更多贸易特许权的印度公司——开拓北美路易斯安那州的大片领土，找到传说中的金矿来实现。可并没有任何证据显示这片土地有金矿，但这时和以往的投机泡沫时期一样，人们根本没时间怀疑这里到底有没有黄金。密西西比公司开始公开地发售其股票，反响非常热烈。甘康普瓦大街（Rue Quincampoix）有一间旧交易所，在这里，金融贪婪史上最激烈甚至混乱的股票交易上演了。后来其股票的出售和交易被转移到更加宽敞的旺多姆广场（Place Vendôme），然后又被转移到苏瓦松酒店（the Hôtel de Soissons）附近。当时还有一部分女性，她们是如此坚定地想要购买这只股票，甚至献身以获得股票购买权。在20世纪80年代，稍有不同的是，迈克尔·米尔肯和德崇证券的一些客户，在比佛利山酒店（Beverly Hills Hotel）参加年度掠食者舞会时，据说他们得到了适当禁欲的妓女的关注。这是为了鼓励他们购买垃圾债券，其中许多债券在前景上堪比密西西比公司的股票。

密西西比公司的股票销售收入没有用于探金，而是用于偿还法国政府所欠下的债务。偿还国债的纸币又回来购买更多的股票。随后，公司不断发行股票以满足更多的强烈需求，其作用是将已发行和新发行股票的价格都抬到更加夸张的高度。所有的纸币都被认为是由皇家银行的硬币支持的，但与纸币数量相比，支持纸币的硬币数量很快就变得微不足道了。这是一种特别奇妙的杠杆形式。

1720年，这次泡沫走向了破裂。杠杆作用急剧逆转，在接下来的250年里发生了100起大大小小的此类事件。据说，一开始是孔蒂亲王对自己无力购买股票感到恼怒，于是决定把他的纸币送到皇家银行兑换成黄金。有传言说，银行用了整整3辆马车才把黄金运回给了孔蒂亲王，但随后摄政王应约翰·劳的请求介入，命令孔蒂亲王将它们全部归还。这时，有部分人开始觉得黄金可能比纸币价值更高。为了让纸币持有人和投资者相信黄金的供应很快就会充足，尽快恢复大众的信心，公司的人还雇了一队乞丐，让他们做做样子，带着铁铲穿过巴黎的街道，就好像真的去路易斯安那州开采黄金一样。在接下来的几个星期里，人们很快变得沮丧起来，因为这些乞丐又回到其常待的老地方了。不管事实如何，银行还是发生了挤兑——人们要求银行把他们的纸币换成黄金，而不是密西西比公司的股票。1720年7月的一天，15人在皇家银行门前的踩踏事件中丧生。银行宣布纸币不再可以兑换。很快，价值——不仅仅是密西西比股票——崩盘。一周前还是百万富翁的人们，现在却一贫如洗。

这下大众有多愤怒可想而知，他们急需找到一个人或机构来指责，而这根本不用花费什么力气。在之前的几个月里，心怀感激的法国统治者提拔了一名别国的逃犯兼赌徒——约翰·劳，让他担任这个国家的最高公职。任职后，他确实进行过一系列颇有成效的经济和税制改革：将神职人员的闲置土地给农民；取消当地通行费；降低关税。此外，他还担任法国总审计长，被封为阿肯色公爵。如今约翰·劳成为了众矢之的。在摄政王的保护下，他离开了法国，在英国度过了4年并被赦免了谋杀罪。然后他又去往威尼斯，选择在那里度过余生，据法国回忆录作家圣西门公爵说："这段时间，他过得穷困但还算体面，也不再去折腾了，开始行善积德并信奉天主教，虔诚地接受教堂的圣礼，最后在威尼斯去世。"

我们再次审视这些事件，可以发现其中的规律。在利用皇家银行的财富方面，约翰·劳可以说是一个天才——自始至终，他的聪明才智都和金钱有关。在财富解体和消失后，他被迫逃亡，遭受人们的无情谩骂。约翰·劳有一种迷人的自信，这似乎是确定无疑的，使他受到摄政王和巴黎民众的青睐。但是，他所做的究竟是高度的创新，还是最低限度的理智，是非常值得怀疑的。天才可不会毁掉自己和那么多人，招致如此悲惨的结局。

在那之后，就像荷兰的郁金香狂热之后一样，法国经济萧条，经济和金融活动混乱不堪——用圣西门稍微夸张的话说，就是"少数人的富有是基于大部分人的毁灭"。但是，就像荷兰发生的郁金香狂热，以及历史上发生的一贯事件一样，大家并不会去指责投机行为本身和受骗的参与者。之前已经提到，约翰·劳和他的皇家银行才被认为是罪魁祸首，此后一个世纪内，法国的银行都不被民众信任。但那些失去理智和金钱，并进行投机的人对他们自己都豁免了所有谴责。

第四章

经典案例2：南海泡沫事件

4

1720年巴黎的投机热发展至意料之外却完全可预测的高潮时，另一场泡沫也这样发生了，这次是在伦敦。乐观主义和自利的幻想所产生的癫狂写就了这两座城市的故事。不出所料，英国的投机者和投机本身都少了法式风格。相比法国，英国的投机热很普通，不过就是官员们受贿、贪污和欺诈等综合因素所促进的股价剧烈波动而已，不过，这次股票涨跌的幅度极其夸张。

股份公司的出现给繁荣发展带来了契机，或者更确切地说，是它的重新出现促进了繁荣。早在100多年前股份公司就诞生了，且更多地集中在英国。现在却突然成为了整个金融和经济世界的新

牛津伯爵——罗伯特·哈利（Robert Harley）帮助成立了这家命运多舛的南海公司

奇迹。

18世纪早期，当时有一些非常有想象力的股票发行计划——比如说，一家打算生产和销售打字机的公司，这是相当超前的[①]；设计一种精密枪支，可以根据不同的敌人来发射圆形或者方形子弹；或者制造一架机械钢琴。"我可以测量天体的运动，"艾萨克·牛顿爵士曾说，"但我测不出人类有多疯狂。"即使这个人类是他自己，他也不能测透。因为他很快就要在这场投机泡沫中损失2万英镑，相当于现在的100万美元甚至更多。

1711年，南海公司在牛津伯爵罗伯特·哈利的鼓动下创办，或许更准确地说，南海公司就是在他的启发下创办的。在企业创立早期，约翰·布朗

[①] 打字机在19世纪初才被发明。——编者注

特（John Blunt）也加入并作为职业代书员，他不仅擅长法律文书的抄写，对法律文书的内容也了如执掌。

这家公司的起步，和皇家银行及密西西比公司类似。针对政府紧迫的流动债务问题，公司提出了一个看上去无疑会受到欢迎的方案。与法国一样，这些债务是在前些年参与西班牙王位继承战争时所欠下的。为了回报政府给予的特许经营权，南海公司接手并整合了英国政府债务。政府以6%的利率向其支付利息，并且作为回报，南海公司获得了发行股票的权利，并且"从1711年8月1日起垄断以下地区的贸易和贩运：从阿拉诺卡河东岸到火地岛的最南端的美洲领域和土地……"。后来还获得美洲西部地区以及"这个领域里已经属于西班牙王国的所有国家，和以后被发现的国家"的所有贸易权。

西班牙已宣称其垄断了与这些地区的所有货运

和贸易，但是南海公司却有意忽略这一事实，尽管

当时有一丝渺茫的希望，即通过条件谈判，英国将

南海公司委托制图师赫尔曼·莫尔（Herman Moll）绘制公司
的贸易版图，并宣称图中绘制的地区（不包括巴西在内）都属
于其贸易领土。这一做法没有顾及一个事实，即西班牙已声称
其拥有同样的贸易领土

获得墨西哥、秘鲁等地传说中的金银宝藏。另外还有开展奴隶贸易的机会。一说到奴隶贸易，英国商人们认为自己在这方面天资过人，能力出众。

最终，南海公司等到了一丝机会。西班牙暂时允许该公司每年出航一次，但必须进行利润分成。但英国公司不甘止步于此，它还想拥有更多的进入美洲贸易的机会，甚至企图用直布罗陀的主权来换取。不幸的是，英国和西班牙对于直布罗陀主权问题的争论在之后的两个半世纪甚至更久的时间里一直持续着。

事实上，很难想象还有什么商业项目会比南海公司有更多问题。但这时的英国，和当时的巴黎差不多，人们都顾不上发现其中有什么问题。政府批准公司向公众发行更多的股票，从而使公司能承担更多的政府债务。1720年初，公司承担了所有的政府债务。这就是南海公司假定的优势。为了推动相关立法，南海公司不仅用公司股票向几个政府要员进行大举贿赂，而且公司里的几位董事也喜获议会席位，借此在那里向人们展示公司未来的远大前景。这些董事也很大方地用公司股票奖励自己。

1720年，英国公众，或者更确切地说，那些十分关注金融致富想法的人，对南海公司展现的看似可行的机会反应强烈，尤其是对南海公司股票的猛烈冲高以及自己从中分一杯羹的愿望反应更为强烈。战争使英国一小部分人富了起来，虽然只是一小部分，但是这部分人在英国有举足轻重的地位。地主阶级和贵族阶级虽然鄙视那些"从事贸易"或满脑子都是赚钱的人，但他们也能够为了金钱克服自尊而入伙——金钱往往就有这种魔力。伦敦此时的大街小巷，和当初法国甘康普瓦大街的场景如出一辙；1720年1月，这家公司的股票价格约为128英镑，3月上升至330英镑，5月升至550英镑，6月升至890英镑，夏天晚些时候更是涨到1000英镑左右。在此之前，英国从没有这么多人以如此快的速度变得这么富有，甚至连巴黎或荷兰的经济泡沫也没有产生这样的效果。和以往一样，一些人轻松致富的景象引发了全民疯狂追捧南海公司的股份，进一步推动了股价上涨。

股份公司并非只南海公司一家。南海公司的成功，催生了数以百计的股份公司模仿者，它们都希望从这股热潮中分一杯羹。这些公司从事的生意千奇百怪，有的研发永动机（同样也是超前于时代的），有的是马匹保险公司，有的改善肥皂制造工艺，有的进行头发交易，有的修复和重建牧师的住所，有的将水银转化为可锻造的精细金属，有的修建房屋或医院以接受并抚养私生子，甚至有一家"不朽的"企业声称自己"从事的生意发展潜力很大，但没有人知道它是什么"。1720年7月，政府终于叫停这出荒诞戏码，通过了《泡沫法案》(*the Bubble Act*)，禁止其他股份公司推销股票，人们一直认为，这与其说是为了保护愚蠢和无辜的人，不如说是为了保障南海公司的投机垄断。

然而这个时候，南海公司的末日也快到了。不久后，股价跌至谷底，部分是由于内部人士和公司高层获利回吐，导致市场上人心惶惶。到9月份，股价已跌至175英镑，12月份跌至124英镑。为了维持和重振民众的信心，南海公司做出了巨大努力，比如说去求助新成立的英格兰银行（Bank of England）。最终，政府出面收拾残局，股价才稳定在140英镑左右，大约是其峰值的七分之一。由此可见，古今都是如此，一旦崩盘来临，试图扭转局面的所有努力都将白费。

很快，人们就开始寻找这一事件的替罪羊，其过程猛烈甚至残忍。布朗特，也就是如今的约翰·布朗特爵士，在伦敦街头被一名袭击者（可能是股市中的受害者）枪击，所幸死里逃生。后来，他向政府举报了自己的高层同谋，从而保住了性命。与南海公司有关系的人均被逐出议会，公司董事和受牵连的官员（包括布朗特）的财产被充公，用于补偿南海泡沫事件中的受害人。罗伯特·奈特（Robert Knight）是南海公司的财务主管，因此被追捕和监禁，他向别国寻求引渡并迅速逃往欧洲大陆。在此后的21年里他一直设法逃脱追捕，过着流亡的生活。詹姆斯·克拉格斯（James Craggs）是该事件中一位极有影响力的资深政治家，事后自杀身亡。其他人则进了监狱。这一事件所带来的结果和之前的郁金香狂热以及约翰·劳危机一样，伦敦金融城和整个英国的经济都陷入低迷。

所有关于金融反常的可预测特征，在这里都一览无余了。财政部为南海公司接管的公共债务支付小额利息，由此产生了巨大的杠杆作用。人们相信自己在金融方面的敏锐和智慧，这很危险，而且他们还将这种错误信号传递给了其他人。一个投资项目，有可能看上去前景很好，但静下心来想想却未必如此。往往一些看起来令人兴奋和创新的事物容易引起公众的注意，比如，英国股份公司这个例子，尽管股份公司早就出现了，前文也有提及。（这些与印度和其他地方进行贸易的特许公司到现在已经有一个世纪的历史了。）股份公司并不是什么新鲜事物，人们当时如果能注意到这一点，就可以有效阻止这一切的发生，但他们却对此视而不见，显然是为了追求利益已经失去理智了。

查尔斯·麦凯在对南海泡沫事件异常尖锐的记述中，指出了真相：

> 1720年秋，英国各大城市都召开了公开会议，通过了民众的请愿书。请愿书祈求立法机关对南海的董事们进行惩罚，因为他们的欺诈行为让整个国家遭受了近乎毁灭性的打击。但似乎没有人认为，国民本身应该受到和南海公司一样的谴责。人们不去责怪自己的轻信和贪婪——对利益的贪婪……或者说是一种迷恋，这种迷恋使人们以如此疯狂的急切的心情，一

头扎进诡计多端的投机商早就撒下的网。然而这些却从未被提及。

在现代投机发生之后，人们自身的原因也未曾被提及，这一点将是非常明显的。

第五章

美国传统：崩盘后的逃避主义

5

CHAPTER

金融记忆是短暂的，但公众的主观态度可能更为持久。正如约翰·劳使法国民众对银行的怀疑持续了一个世纪或更长的时间一样，1720年的南海泡沫也警示了英国人特别注意股份制公司。在随后的几十年里，《泡沫法案》禁止有限公司（limited）的成立，也就是我们现在所称的公司（corporation）。然而，到了1824年，原本被限制的有限公司再次获得了足够的尊崇，在伦敦兴起了又一波股份热潮。这一热潮产生的原因部分来自人们对南美的展望，但它延伸到了红海。其中一个特别突出的股票推销涉及一家致力于排干该水域的公司，其"目的是找回埃及人在犹太人过红海后遗弃的宝藏"。在该世纪后期，针对新大陆的机会出现了进一步的投机事件，南美洲再次成为人们魂牵梦萦的财富之地。1890年，英格兰银行不得不支援因参与了阿根廷贷款（Argentine Loans）而濒临破产的巴林兄弟公司（Baring Brothers）。如今因参与第三世界的贷款而遭遇不幸已经不是什么新鲜事了。

然而，无论伦敦的行为多么过激，都可以说，19世纪的投机狂想在美国正以最热烈的方式呈现，因为美国人对于那些看上去像魔法一样的货币创造及其假定的奇妙经济效应有着特别的迷恋。

对货币魔力的迷恋始于殖民时代。再一次，正如感觉自己在金融事务上十分可靠一样，投机者们也是如此地相信自己的创新天赋；一如既往地，他们又发明了"车轮"。

美国南方殖民地——马里兰、弗吉尼亚和卡罗来纳（当时是这一叫法）——普遍以烟草为抵押发行纸币，而强烈反对以黄金或白银作为支付手段，有时还禁止使用这二者。
在马里兰，以烟草为基础的纸
币作为通行货币长达两个世纪，
比金本位制持续的时间要长得
多。但与新英格兰的纸币相比，
它的作用便平平无奇了。

由于威廉·菲普斯爵士（Sir William Phips）和他那支明显非正式的军队在魁北克的战役中失败，未能夺取堡垒和财富，马萨诸塞的财库空了

1690年，威廉·菲普斯爵
士带领一支明显非正式的远征
军，由马萨诸塞湾殖民地前往
魁北克要塞。他们打算通过在该地掠夺财富来弥补
此次远征的费用。可惜的是，此行并未攻破要塞，
因此当部队返回时，马萨诸塞，也就是这个殖民地
的财库中缺少硬通货，没有金银来补偿开支。殖民
地政府因此开始发行纸币，承诺最终用黄金或白银
兑付，这似乎只是一小步；在此后20年里，在这
种承诺下，纸币与金属并行且与金属平价流通。这
样，纸币看上去不仅是一个具有创新性的美妙金融

工具，再一次它还是一个利用杠杆作用的奇迹。这些纸币形式的债务由明显更少的实物资产，即硬通货支持，如果所有的纸币都同时提交兑付的话，硬通货就无法满足。

这一奇迹蔓延到其他殖民地，纸币被大量发行，而实际上它们在贬值。罗得岛就是一个极端的例子。和其他地方一样，在最终的清算日，罗得岛上流通的纸币变得几乎一文不值。

应该说，并非所有的殖民地都到此地步。宾夕法尼亚、纽约、新泽西、特拉华和马里兰在纸币发行上有所克制，这一点令人钦佩。而且有迹象表明，纸币能够维持价格和贸易，有利于其使用地经济的繁荣。这当然是本杰明·富兰克林（Benjamin Franklin）的观点，他可能受到了自己作为纸币印刷商的影响。最终，在1751年，伦敦议会禁止在新英格兰地区发行纸币，随后又禁止在其殖民地的其他地方发行。

人们对伦敦的这一举动感到愤怒，在美国殖民者的心目中，纸币及其相关的杠杆作用就是一种经济产品。尽管许多历史学家谴责纸币，但它的流通不应该遭到谴责。华盛顿士兵的酬劳是用大陆纸币支付的，"革命"的资金也是靠这些纸币支持的。当时的税收收入可以忽略不计，征税的机制也是如此。战争的费用因此转嫁到了那些接受大陆纸币的人身上，这些人发现他们的购买力迅速且不可逆转地下降了。美国的独立就是这样买来的，而且不清楚是否有其他购买方式。此时，新共和国反复出现的投机事件的舞台已经搭建好了。

最初，由于大陆货币所带来的让人们记忆犹新的通货膨胀，大量的纸币供应追逐着有限的商品供应——弗吉尼亚州的鞋子要5000美元一双，全套衣服要100多万美元——新国家的金融政策是保守的。宪法禁止联邦政府发行纸币，自然也禁止各州这么做。商业活动可用黄金和白银以及可以兑换金银的纸币进行。中央银行，即美国第一银行应运而生，通过拒绝接受那些不能按要求兑付金银的纸币，对分散在各州的特许银行严加管控。一向保守的东北地区同意了这一举措；南部和西部由于刚开发不久且对金融有较大需求则没有同意。在那里，靠大量纸币支持的宽松信贷备受重视。1810年，该银行的财务严谨性受到攻击，其特许状没有续期。

在1812年战争的刺激下，由于需要通过广泛的公共借款为战争融资，（物品）价格开始上涨。摆脱了强制赎回负担的州立银行，现在被随意地赋予特许经营；只要这个区域有"教堂、小酒馆或铁匠铺都被认为适合设立银行"。各州立银行开始发行纸币，更令人惊讶的是，企业也开始模仿银行发行票据。"甚至连理发师和酒保也在这方面与银行竞争……"无须怀疑，支持这些纸币的资产价值很低。杠杆再次出现。

在战争结束后的几年里，全国各地的土地和其他财产价值快速上升。与以往一样，不断上升的价值吸引了那些看好其前景的投资者，他们的参与进一步保证了价值在未来会有更大增长。1816年，美国第二银行被特许成立——更高级别的监管机构一直被认为很有必要。然而，一开始，由于该银行积极参与了房地产贷款，它的存在实际上助推了资产进一步升值。然后，在1819年，这种繁荣破灭了。价格和资产价值急剧下降；贷款被取消抵押品赎回权；企业破产数量增加。这是美国第一个崩溃的投机事件，这些投机事件是19世纪剩余时间美国经济和金融史的特征。"恐慌"一词开始被人们用于与金钱有关的事件。后来，由于急于寻找更温和、更易于接受的提法，相继出现了"危机""萧条""衰退"，当然还有现在的"增长调整"，以代替"恐慌"一词来描述投机事件的经济后果。

尽管没有人能确定，但似乎19世纪第二个十年的繁荣于1819年结束。而美国第二银行出于监管目的，开始召回纸币，受到人们尖锐的指责。就像往常一样，需要有一个替罪羊。因此，时任总统安德鲁·杰克逊（Andrew Jackson）号召公众反对这些机构（银行），在此过程中费城的尼古拉斯·比德尔（Nicholas Biddle）无意中帮了他。作为美国第二银行的总负责人，比德尔以令人反感的劲头呼吁地方乡村银行兑现纸币。最终，第二银行和第一银行一样，没能延期其特许经营。直到近一个世纪过去美国才再次设立中央银行。很快新的银行和纸币便涌入了市场舞台。下一个投机事件的要素已经齐备，该投机事件在1837年的崩溃中告终。

这次的投机性泡沫再次出现在房地产领域，特别是美国西部，包括对公共土地所有权的投资，但此次它还扩散到了制造企业和商品领域。它的资金来源是不断增加的银行发行量激增的纸币。但现在还有一个新的资金来源。

国内基建改进工程成为了一个主要的投资机

会。尤其是运河和收费公路这种工程，解决了农场、矿场和工厂的产品在运输途中遥远的距离和必经的艰巨地形所带来的不便。各州承担了寻找资金的任务，而事实证明，英国有大量资金可以获得。这些资本以前所未有的体量横跨大西洋，它们为美国交通设施的建设做出了毋庸置疑的极大贡献。但它也促进了商业和就业的爆炸性繁荣，并促使人们争相在不断升值的财产中分一杯羹。

种种作用下，1837年不可避免地出现了幻想的破灭和崩溃。一段典型的萧条期再次到来。然而，这段时期却有两个新的特点——其中一个在今天仍具有重要意义。它显然使改进工程停滞不前，特别是运河，它曾是人们疯狂投资的目标。而且，它针对未偿还的贷款引入了一种明显的现代态度：在崩溃后的低迷不振的形势下，人们对这些贷款感到愤慨，一气之下干脆不偿还了。密西西比州、路易斯安那州、马里兰州、宾夕法尼亚州、印第安纳州和密歇根州都拒绝偿还它们的债务，尽管后来有一些还债的努力。让人们愤怒的是，在这样一个困难时期，外国银行和投资者却要求他们偿还这些如此愚蠢地发放的贷款。有一点必须重申：只有对金融记忆病态化的缺失（这种缺失在历史中反复出现），或者我们对金融历史本身的漠不关心，才会让我们相信当今第三世界的债务，即当前阿根廷、巴西、墨西哥和其他拉美国家的债务，完全是新生事物。

在1837年债务泡沫破灭后的10年里，美国的经济状况很低迷。可用于支持投机性冒险的银行数量也减少了。然后，又过了10年，公众的记忆再次褪去。人们恢复了信心，银行特许状死灰复燃，纸币再次被用来资助投机，于是1857年又发生了一轮恐慌和崩溃。

另外，有一种杠杆，在T. 布恩·皮肯斯（T. Boone Pickens），甚至迈克尔·米尔肯和曾经的巨头德崇证券看来都很可怕。国家法规要求银行对其未偿还的票据持有硬通货储备。这是为了以一种合理的方式限制杠杆的范围。银行审查员执行这一要求，但其执行情况与最近对储蓄和贷款行业的监管执行情况相当。在表面上极为遵守的情况下，密歇根州的一批银行联合起来，使用同一份储备金应付检查。在审查员巡视时，这些储备金被提前从一家机构转移到另一家机构。甚至还有更节省开支的做法：在装运金币储备的容器中，最上面的一层金币下面铺着厚厚的一层3英寸钉子，显得金币很多。但并非所有的过度杠杆都仅存在于美国西部。这些年里，在新英格兰的较保守地区，一家银行因为有50万美元的未偿付票据，但仅有86.48美元的货币储备而被关停。

内战并没能改变投机性繁荣和萧条的轮回，但却缩短了投机事件之间的间隔。随着19世纪60年代末和70年代初战争创伤的愈合，出现了最大的投机性繁荣之一，预示了1873年经济和政治上毁灭性的恐慌。

此前的几年里价值普遍增长，制造业、农业和公共建筑业的表现令人振奋。价值的上涨再一次推动了价值的继续增长。与运河和收费公路一样，交通业，这次是铁路，成为新的投机焦点。谁会在如此明显被需要的东西上亏钱呢？英国的贷款再次大量涌现，在金融健忘症的作用下，人们对40年前拖欠贷款的事件忘得一干二净。很快，恶果在现实中出现了。新的铁路，以及一些老的铁路，都无法偿还贷款。受人尊敬的银行杰伊·库克公司（Jay Cooke & Company），因大量参与铁路融资，于1873年9月倒闭。两家大型银行也倒闭了。纽约证券交易所（New York Stock Exchange）关闭了10天。纽约和其他地方的银行暂停了支付硬通货。

灾难过后，再次出现了预料中的逃避主义。至此，这一现象已经是美国的传统了。人们说，问题不在于先前的过度狂热而在于货币。人们认为之前

的崩溃也涉及货币，具体原因是美国两家银行的过

度干预，而这次的原因是不久前的一个鲜为人知的

19世纪的铁路大繁荣在腐败和对铁路股票价格的操纵中结束。
上图中，1869年，铁路官员在犹他州普罗蒙特里庆祝第一条
横贯大陆的铁路线竣工

计划，即取缔内战时期的绿钞转而采用金本位。鉴于美国纸币的历史和人们对纸币的迷恋，没有什么比这更能吸引美国人了。随之而来的是两场重大的政治运动，即绿钞党（Greenback Party）和主张自由铸造银币的人发起的运动。很快，威廉·詹宁斯·布莱恩（William Jennings Bryan）也发表了有力的演讲，警告不要将美国钉在黄金的十字架上。

19世纪的最后几十年，鉴于当时广泛的通货紧缩趋势，有充分的理由建立一个更自由的货币制度。那些这样呼吁的人并没有错。但是，与以往一样，要求货币制度改革转移了人们对前期投机及其不可避免的灾难性后果的注意力。

19世纪，繁荣和萧条有序地交替，后来出现了另一种掩盖投机狂热的观点。实际上是为了使它正常化。繁荣和萧条被认为是可预测的商业周期表现。正如约瑟夫·熊彼特（Joseph Schumpeter）所描述的那样，狂热可能是存在的，但狂热仅是一个更大的过程中的一个环节，随后的经济收缩和萧条的良性作用是为了恢复正常的理智，并从系统中排毒，正如其他一些学者说的一样。大学里关于商业周期的课程现已接受，高期望，甚至是不切实际的期望和低期望之间的交替是常规现象。

1907年，在另一次少了些戏剧性的脱离现实的狂热后，以纽约为中心，出现了所谓的华尔街恐慌。J. P.摩根（J. P. Morgan）号召了公募和私募基金拯救濒临破产的美国信托公司（Trust Company of America），也号召了纽约的神职人员进行充满信心和鼓励的布道，人们认为是他单枪匹马地结束了这场恐慌。这一点值得商榷。一场崩盘不用神的干预也能结束。

同样，在第一次世界大战后的几个月里，人们的情绪也

经济学家约瑟夫·熊彼特认为反复出现的狂热是商业运转中的正常特征

大家认为是 J. P. 摩根结束了1907年的崩盘，他在采取其他补救措施的同时，还要求纽约市的神职人员进行鼓励性的布道

略微积极。农场收入不错，由此产生了土地收购和土地价格的投机性激增。这给农民留下了沉重的债务负担，在大萧条时期，人们普遍估计这些债务超过了全部农村财产的总值。由此发生了20世纪30年代的农业危机，并产生了至今还存在的支持农产品价格、提高农民收入并向农民提供信贷的农业计划。

但是，远超以前所有投机事件的是20世纪20年代后期股票市场的大繁荣。自约翰·劳或南海泡沫以来从未有如此强大、深入人心且席卷而来的投机狂热。这一狂热展现了金融狂热的所有基本特征。这次危机也终结了熊彼特们的观点，即随狂热而来的经济收缩是正常的、可容忍的，而且，正如他竭力主张的，是良性的。

第六章

1929年大崩盘

在经济和金融的大历史中，没有哪一年像1929年那样独特。正如我在其他地方指出的那样——它与1066年、1776年、1914年、1945年以及1989年一样，令公众难以忘怀。部分是因为当时发生的投机性崩溃具有特殊的，或者说是宏大的规模，更多的是因为它为美国和整个工业世界带来了资本主义所经历的最极端和最持久的危机。

1929年之所以被记住，还因为当时明显存在着所有投机狂热的元素，以及人们对金融创新的盲目推崇。同以往一样，这包括再次发现杠杆的神奇作用（目前有待检验），以及民众所吹捧的投资天才。乐观情绪不断叠加，推动着价格的上涨，随之是崩盘，那些曾经被认为是天才的人，最终被发现在心智和道德上存在严重缺陷，他们最好的结局是被遗忘，但更糟糕的是，可能会被公众谩骂，被关押甚至是自杀。在1929年以及此后的几年里，这一切都超乎寻常，令人印象深刻。

支持这股情绪的是卡尔文·柯立芝（Calvin Coolidge）总统的共和党政府及其财政部长安德鲁·W. 梅隆（Andrew W. Mellon）领导下良好的政治、社会和经济秩序。然后，在1929年3月4日，经历更丰富的赫伯特·胡佛担任总统。在成为政治家之前，他担任过工程师和管理者。在不到60年后，随着罗纳德·里根的上台，这种情绪又再次出现。这种重现并不完全是一种偶然。大多数管理投资业务的人或拥有相当数量的投资资金的人在政治上都是共和党人。自然地，也许是不可避免地，他们相信他们支持的政治家，相信这些政治家所主张的理论，相信由此会带来的经济利益。那些看似幸运的人尤其容易被说服，相信在一个共和党政权治下的共和党时代蕴含着近乎无限的新致富机会。1929年是如此，1987年崩盘前又是如此。所有如此脆弱和容易受影响的人，无论他们的政治立场如何，都应该受到警醒。

20世纪20年代投资狂热的首发地位于佛罗里达而不是华尔街——20年代中期，佛罗里达迎来了房地产的大繁荣。除了柯立芝和梅隆带来的乐观情绪外，佛罗里达州的气候也很有吸引力——对许多人来说，与纽约或芝加哥的气候相比，这里得天独厚。而现在佛罗里达也有了杠杆，可以用10%左右的现金支付来购买地段。每一波的购买都证明了它自己的合理性并刺激了下一波的购买。随着1924年和1925年投机活动的全面展开，价格可望几周内翻番。债务这么快就可以还清，谁还需要为此担心呢？

还有其他推波助澜的力量。通过取巧的测量，

当查尔斯·庞兹开始从事新的行当，向过度狂热的投资者出售佛罗里达州的沼泽地时，已经被定罪为伪造者和盗窃者

所谓的"海滨"地段实际上与海水的距离长达20公里左右。波士顿著名的查尔斯·庞兹（Charles Ponzi），他因在投资业务中用后来的投资者的钱向早期的投资者支付可观回报而闻名（即"庞氏骗局"），现在他也转向了房地产业务。他开发了一个宣称"靠近杰克逊维尔附近"的项目，但实际上距那里（杰克逊维尔）大约有100公里远。投机势头持续不断，使得铁路公司面临过大的运输压力，以至于它们被迫禁运不必要（禁运）的货物，包括蓬勃发展的建筑业所需的建筑材料。

1926年市场崩溃不可避免地发生了。维持上升势头所需的新买家没有了，人们急于脱身却只能是徒劳。他们找了一些外部的，并非完全不可信的解

20世纪20年代佛罗里达州的地产热潮，在易受骗的新买家数量减少以及飓风过后数以千计的人无家可归的影响下告终

释。并非固有的投机高潮的结束，而是1926年秋天来自加勒比海的两次特别凶猛的飓风被认为是罪魁祸首。成千上万的人确实无家可归。于是，这场灾难的责任从投资者和他们对金融的妄想身上被转移到了上帝和天气上。另外，慈善企业对飓风的反应也被认为需要负一定责任。《华尔街日报》(*The Wall Street Journal*) 引用海岸航空公司 (Seaboard

Air Line）一位官员的话，说他担心为飓风救援所筹集的红十字会的资金"对佛罗里达州造成的永久性损害比收到的救援资金所能抵消的要多"。

迈阿密的银行清算额在1925年为1,066,528,000美元，1928年下降到143,364,000美元。

到了1928年，投机情绪和狂热已经转移到了曼哈顿下城这个不那么平静的地方。

纽约证券交易所的普通股价格从1924年开始上涨，并在1925年继续。1926年，股价有一些回落，可能是因为佛罗里达州地产繁荣的崩溃。而1927年股价又再次上涨，可以说，从1928年开始，特别是1929年，明显脱离了现实。

1929年春天，出现了一次较为温和的转折点。联邦储备委员会（Federal Reserve Board）稍稍改变了其此前胆怯无能的公众形象，宣布它将会收紧利率以抑制过度繁荣，使得市场稍有回落。中央银行的这一行动被看作是一种蓄意的经济破坏行为。查尔斯·E. 米切尔（Charles E. Mitchell），当时的国家城市银行（National City Bank）的负责人，也正乘着市场上升的浪潮，因此出面抵制这种威胁。"我们认为，"他在一份几乎无比傲慢的声明中说，"我们有义务去避免货币市场的任何风险和危机，这比任何美联储的警告，或其

1929年，国家城市银行的负责人查尔斯·E. 米切尔提出向公众借出足够的钱以抵消美联储的任何不受欢迎的限制

他任何东西都重要。"国家城市银行愿意在必要时借出资金，以抵消美联储的所有限制。

此举效果相当令人满意：市场再次腾飞。在夏季的3个月时间里，价格的增长比上一整年所有可观的增长还要高。

至此，大规模投机事件完全可预见且可被充分识别的特征再次出现，而且很明显。价格上涨是因为个人投资者或机构和其顾问确信价格会上涨更

多，而这种信念又带来了新一轮上涨。杠杆非常容易获得，确实是当时的一个奇迹。在其最常见的形式中，它允许人们以10%的保证金购买股票——10%来自雄心勃勃的投资者，90%来自热心的贷款者。但这并不便宜，到了夏天，借款人需要支付7%至12%的超高利率，甚至一度达到15%。

联合创始人公司（United Founders Corporation）、高盛公司（Goldman Sachs）和许多其他类似企业的封闭式投资信托基金，因其在发现并使用杠杆方面的才智而备受赞誉。联合创始人集团可以追溯到1921年的一次初始推销，该集团陷入困境后被一位朋友注入500美元的资金救起。随后它借钱并出售证券，为投资其他证券提供资金，最终其总额约为10亿美元。这一将最初的500美元投资成长为10亿美元资产的行为可能是密歇根银行以三英寸大钉为杠杆发行纸币之外，有史以来最引人注目的杠杆操作。

同样引人注目的还有高盛公司操作杠杆的大戏。

高盛交易公司（The Goldman Sachs Trading Corporate）是高盛集团于1928年底成立的，其成立的唯一目的是持有和投机普通股。第一次股票发行量不大——1亿美元，如前所述，这些钱用于购买其他证券。第二年夏天高盛交易公司成立了谢南多厄公司（Shenandoah Corporation），向公众出售其股票和优先股，但将普通股的控制权保留在自己手中。组建谢南多厄公司的目的，也是购买和持有普通股。所持股票价值的所有收益都归普通股持有人——很明显包括高盛交易公司——而不是那些获得固定回报的优先股持有人。谢南多厄公司随后又成立了蓝岭公司（Blue Ridge Corporation），重复了这个过程。蓝岭公司普通股因采用杠杆带来的价值增长归谢南多厄公司的普通股持有者所有。这些价值，反过来又更大程度地反映在高盛交易公司的持股中。

人们唯一没想到的是，这一过程会以相反的方式进行——固定债务导致股票的市场价值和收益不断减少。股票市值缩水。高盛交易公司的股票以104美元发行，并在几个月后升至222.5美元；而到了1932年春末，股票价格仅为1.75美元。

当时最有名的人是那些驾驭并促进投机繁荣的人。最显要的人包括：加拿大人阿瑟·W.卡顿（Arthur W. Cutten）；名字古怪的伯纳德·E."卖掉它们本"史密斯（Bernard E. "Sell 'Em Ben" Smith）；极富盛名的市场运营者M. J. 米汉（M. J. Meehan）；两位大银行的董事长，即前面提到的国家城市银行的米切尔和大通银行的阿尔伯特·H.维金（Albert H. Wiggin）；瑞典火柴大王和国际金融家伊瓦尔·克鲁格（Ivar Kreuger）；以及最显赫且有贵族气质的经纪人，纽约证券交易所的副总裁，不久将成为总裁的理查德·惠特尼（Richard Whitney）。一场经济学教授的大型会议支持了他们

并维护了公众信心，教授们向
所有听众保证，当时行业内所
发生的一切都在当代成功的资
本主义的规范之内。

耶鲁大学著名的经济学家欧
文·费雪，陷入了1929年的投机
狂热

学术界最突出也最令人遗
憾的是耶鲁大学的欧文·费
雪——如前所述，他是那个时
代最具创新精神的经济学家。
他本人大量参与市场投资，也屈服于基本的投机冲
动。1929年秋，他的"股票价格已经达到了看似永
久的高位"的结论被广泛报道，并使他因此获得了
长久的名声。

哈佛大学、密歇根大学和俄亥俄州立大学对市
场也有乐观的看法，特别是普林斯顿大学的一位
年轻经济学家，约瑟夫·斯塔格·劳伦斯（Joseph
Stagg Lawrence），他在股票达到高峰时，提出了一
条评论，并被广泛引用，"在证券交易所这个美妙

的市场上，参与的数百万人的一致判断发挥着作用，即目前股票的价值并没有被高估。"他又问道，"谁能拥有包罗万象的智慧并因此有权否决明智的大众判断呢？"

有几个人做到了，但没能逃脱赤裸裸甚至野蛮的谴责。如前所述，至少在对市场发表反对意见之前，保罗·M. 沃伯格，一直是他那个时代最受尊敬的银行家之一，他大受指责。同样知名的罗杰·巴布森，尽管他的声望稍逊，也受到了指责。

狂热从10月21日开始走向平息。

构成那段历史的一连串事件经常被详述，这里也没有必要再赘述。10月21日那一周，市场开盘很糟糕，按当时的标准来看交易量很大。到了星期三变得更糟，星期四这天则简直是灾难的开端。星期四上午，股票价格似乎在无限制地下跌。就像周一的情况一样，股票行情纸带远远落后于交易。那些不知道自己遭遇不幸的人，纷纷被要求增加保证金。大众恐慌再次出现。

然而，在那个星期四的中午，事情有了短暂的好转。当时的大银行家们，包括摩根的托马斯·拉蒙特（Thomas Lamont）、国家城市银行的米切尔和大通银行的维金，在摩根大厦开会，并决心对此采取行动。摩根的经纪人，理查德·惠特尼，随后出现在交易所的大厅里，用大银行家们交给他的钱进行稳定的买入。就像约翰·劳、南海泡沫以及其他事件一样，人们认为，通过安抚性的声明和行动，一切都可以恢复到以前的状态。可想而知，这种信心一过周末就烟消云散了。周一出现了大量的卖盘，而后一天，即10月29日，成为了交易所历史上最具破坏性的一天。现在没有什么能阻止人们迫切的卖出或股票被卖出的可能性。有传言说大银行家们自己也在退出，事实很可能是这样，没有任何帮助。在接下来的几周里，周一往往最是糟糕，市场继续下跌。

大崩盘（The Great Crash）使股市中的受害者不得不变卖个
人资产。这是1929年的一辆克莱斯勒跑车，当时它的上市价
格为1555美元

也许大家都会同意这段历史的独创性或者显著性非常不足。价格因人们预期会上涨而上涨，这种预期通过人们的购买行为实现。然后由于一些看似破坏性的事件或发展，或仅仅是由于不再有失去判断力的买家涌入市场，这些预期不可避免地发生了逆转。不管是什么原因（这并不重要），可以完全肯定的是，正如我们先前所观察到的，这个世界不是在呜咽中结束，而是在轰然倒塌声中结束。

在崩盘之后，还有两个可以预见的情况。约翰·劳在威尼斯度过了他最后的凄惨岁月，他可能比20世纪20年代的伟大金融奇才们更幸运。查尔斯·E.米切尔和阿尔伯特·维金都被断然解雇了。深深卷入市场的米切尔在接下来10年的大部分时间里，都在法庭上为自己的逃税指控辩护。他把贬值的股票转卖给了他可能毫无戒备心的妻子并进行了重大的资本损失扣除。在刑事指控中他最终被无罪释放，但他面临着沉重的民事指控和巨额赔偿。维金也是一个大的操纵者，他对自己银行的股票大量做空，因此他被禁止得到养老金。卡顿、米汉和"卖掉它们本"史密斯被传唤到国会委员会。卡顿患了急性失忆症。米汉在被传唤时"无意中"去了国外但很快就回来并道歉了。理查德·惠特尼因挪用公款被关进了兴格监狱。伊瓦尔·克鲁格曾经是世界级的金融家、推销者和投机者，但他现在被判定为一个大盗窃犯。1932年的一天，他在巴黎买了把手枪，开枪自尽。除此之外，他还被发现伪造意大利政府债券。欧文·费雪损失了几百万美元，耶鲁大学以一种温和的方式挽救了他。当时的两位时代巨子，约瑟夫·P. 肯尼迪（Joseph P. Kennedy）和伯纳德·巴鲁克，因为提前从市场全身而退而获得了回报和大众长期的尊敬。

在随后对此次投机事件的解释中，同样可以预见的是对严酷现实的逃避。这与以往发生投机事件之后的情形非常相似，并在1987年股灾及之后的类似事件中有着明显的，甚至魔幻般的复制。1929年10月的市场被认为只是反映了外部的影响。人们后来才发现，在崩盘前一年的夏天，工业生产和其他几个当时可用的经济指数其实都已经表现疲软。对此，市场以理性的方式回应。错的不是投机及其不可避免的后果，而是那些更深层次的外部影响。专业经济学家在推动和捍卫这种错觉时立场尤其一致。时至今日，有一些人在处理历史问题时，仍旧如此。

然而，他们观点并不完全具有说服力。人们采取了一些措施——成立了证券交易委员会；对控股公司的金字塔行为进行了限制，这在电力公司中尤为明显；对保证金的要求进行了控制——这些措施并非没有价值。但是，与以往一样，人们的注意力集中在投机工具上。对于决定性的因素——投机倾向本身，人们没有说什么，也没有做什么，事实上，也什么都做不了。

　　然而，1929年的崩盘确实有警醒作用：它有些例外地徘徊于人们的金融记忆中。在接下来的四分之一个世纪里，证券市场总体上是有序而沉闷的。虽然这种状态持续的时间比一般来说的要长，但金融的历史并没有走到尽头。很快人们将再次投身熊彼特所说的狂热。

第七章

重回十月危机

7

我要再重复一次，尤其是对在这些问题上倾向于持怀疑论调的人强调：实际上，人们的金融记忆的持续时间最多不超过20年。通常来说，20年足够冲淡人们对某场灾难的记忆，也足够出现一些针对先前的金融狂热的变体，进而让人们再度被投资热潮所感染。一般情况下，20年过去，新的一代便闪亮登场，就像他们的前辈一样，以其创新的天才之举惊艳众人。这进而产生了两个极有错误诱导的影响。第一个影响是，人们很轻易地将将致富归功于自己卓越的智慧，这点我已经充分阐明了。第二，许多家境平凡的人倾向于认为，有钱人拥有过人的心智和才能，无论他们富有的时间是多么短暂。只有在金融世界里，才存在着一套如此有效的机制，来隐藏那些随着时间的推移将被揭示为个人和集体错觉的东西。

然而任何规则都有例外。从幻想建立，到破灭，再到重新建立，需要20年时间，19世纪的美国就经历了这样规律的循环。即便如此，金融界乃至普通民众对某些更加动乱的非理性事件——比如约翰·劳事件、南海泡沫事件以及1929年大崩盘——更加记忆犹新。这些事件让人们在相对较长时期内心存怀疑、行事谨慎，并保持着相对的理性。

1929年大崩盘开启了大萧条时代，凄惨的光景持续了数年，股市崩盘对此确实应负主要责任。那之后的几周内，消费者对各式各样消费产品的需求削弱了，商业信心遭到撼动，并直接表现为商业投资减少，企业破产增加。然后，正如我曾提到的，经济学家企图为市场开脱，坚持某些更深层的因素，包括当时美联储的政策不够宽松，应为商业的衰退负责。这种说法荒谬地避开了真相。事实上，正是市场崩溃导致了金融、银行以及整个经济的结构格外脆弱。市场崩溃无疑对经济产生了巨大的影响，从根本上对经济造成了毁灭。

1929年大崩盘后，人们产生了这样的怀疑——股市在某种程度上就是用来套走他们的钱的。然而，到了20世纪50年代中期，美国人便停止了这一怀疑。1954年及1955年，在那个黑暗的十月过去25年之后，又有了适度的繁荣。

20世纪50年代的后几年以及整个60年代，投机活动卷土重来，投机者的热情进一步高涨，破灭也随后发生。在这期间，美国以及其他工业经济体表现不错——它们保持着低失业率，经济稳定，增长强劲，通货膨胀率也很低。作为与这些经济表现相伴而来的乐观情绪的反映，那些成立不久的市场运营机构，尤其是一些60年代出现的机构，获得

伯纳德·科恩费尔德（Bernard Cornfeld）目前身在法国，生活平静。他涉足房地产领域，据说他在考虑重返共同基金业务

了大众的信任，也一如既往地相信自己拥有了高度创新的新型投资方式。相对温和的衰退时有发生，主要集中在1962年和1969年，它们至少对这种错误的疯狂投机进行了部分修正。

在美国的推波助澜下，新一轮的投机狂潮在瑞士表现得尤其引人注目，这种倾向还延伸到了欧洲其他地方和南美。

在伯纳德·科恩费尔德和爱德华·考威特（Edward Cowett）的带领下，一群活力四射的年轻人成立了投资者海外服务公司（Investors Overseas Services，简称IOS），有人将其称为他们头脑风暴的产物。伯纳德曾是一名社会工作者，而爱德华是一名无可非议的成功律师。IOS对一大批共同基金，以及投资其他共同基金的共同基间（基金中的基金简称FOF）具有导向作用，后者包括投资IOS自身的基金的共同基金。IOS还对销售并管理共同基金的公司，以及银行、保险公司和其他金融机构具有导向作用。但最重要的是，它是一个庞大的销售组织，其证券销售人员招募其他销售人员，并从他们的销售中获得佣金，这些被招募的人又转而招募其他销售人员，并获得佣金。这样拥有金字塔般结构的组织，在德国发展到6层之高，原始投资中只有一小部分被用于计划购买的证券。其余的资金都用于支付佣金了。

很难想象对于投资者来说还有比IOS在财务上更荒谬的公司。美国证券交易委员会先后禁止IOS在美国本土以及对生活在世界各地的美国公民出售证券。因此，它成了一家离岸企业。通常被认为金融环境宽松的巴西也将IOS驱逐出境。它与瑞士之间也问题不断，最后还被迫将许多业务迁移到一片邻近的法国地区。即便如此，IOS还是设法从稀里糊涂的投资者手中获得了数十亿美元，甚至公司自己的销售人员也不能幸免于难，投入了资金，因为他们普遍被自己的销售话术所迷惑。罗斯福总统之子詹姆斯·罗斯福（James Roosevelt），曾是国会中的杰出议员，并任驻联合国大使；埃里克·温德姆·怀特（Eric Wyndham White）爵士，一位备受尊敬的国际公务人员，并长期担任关贸总协定（the General Agreement on Tariffs and Trade，GATT）的秘书长；以及德意志联邦共和国前副总理埃里希·门德博士（Dr. Erich Mende）都以自己的名义作为良好信誉的证明，为该企业做了担保。面对科恩费尔德诱人的提问："你们真的想致富吗？"他们与其余成千上万人一起欣然上钩。

这将成为了他们终生的遗憾。我曾被詹姆斯·罗斯福邀请加入IOS董事会，但我谢绝了他。我一贯是不在公司董事会任职的，我认识的瑞士银行家对此的意见以及我对此类企业风险的了解，都使我产生了更确切的疑虑，而这些疑虑大大坚定了我拒绝任职的想法。毫无疑问，在此董事会任职将对我在经济领域中的声誉产生一定的负面影响。那样一来读者就不会读这本书了。

逃亡古巴的金融家罗伯特·维斯科（Robert Vesco）于1971年控制了投资者海外服务公司

1969年，受到高杠杆反向作用的影响，公司的销售额下滑，证券价格不断走低。公司孤注一掷，企图通过内部购买来维持价格，但以失败告终。考虑到投资者们已认清形势放弃幻想，这个结局是不可避免的。不幸的是，科恩费尔德被说服，将剩余的大量资产转让给了罗伯特·维斯科。罗伯特·维斯科的金融声誉一片狼藉，得到转让后，他从此就"明智地"避免在美国居住。伯纳德·科恩费尔德本人未被指控犯罪，但是之后他前往瑞士（这似乎是他的失策），在当地的一个监狱里被拘留了几周。除了将精力和野心用在了错误的地方，很难相信他还犯了什么罪过。像往常一样，罪过在于那些急于致富并通过这种一眼就能看穿的把戏轻易把钱交出去的人。

这些年来，公众给予房地产投资信托基金（Real Estate Investment Trusts，简称REITs）的反响也很热烈，并且随着时间的推移，花旗银行（Citibank）、汉华实业银行（Manufactures Hanover）、伊利诺伊大陆银行（Continental Illinois）以及其他大型国际银行从石油输出国组织（Organization of Petroleum Exporting Countries，简称OPEC）产油国手中获得了可观的存款，并将这些存款贷给墨西哥、巴西、阿根廷、波兰以及其他急需贷款的国家，这些大型国际银行在这方面热情高涨、志得意满。在当时，人们认为这种所谓的资金循环是一种富有想象力的创新之举，而且是最高金融水平的操作。但它从那时起就留下了明显的后遗问题，接受贷款的国家要么违约，要么背负上了沉重的债务负担，严重威胁到国民的生活水平和政府的稳定。其中一些贷款，或者说大部分贷款，没有给当地带来好处就进一步"再循环"到了瑞士或回到了纽约。我们无法确定，那些负有责任的银行家们，那些被巨额资产赋予很高声望的银行家们，是否充分意识到了自己的错误。

20世纪60年代和70年代的投机风波持续时间较短，但它们及其糟糕的后果充分证明金融失常仍是常态。然而，20世纪80年代，投机狂热全面展开，导致1987年10月19日这一天的大崩盘。

和以前一样，这次的投机事件并无新意。不过是重复之前的老路，所有的元素都不出人意料。正如人们曾称颂卡尔文·柯立芝的时代一样，人们也对罗纳德·里根的时代大加赞扬。一些公司利用杠杆实现了企业收购和杠杆收购，通过大量借债，以小制大，获得所有权和控制权。当时出现了一种必要的、被人们当作绝妙创新的新型金融工具：高风险因此具有高利率的债券。正如我之前提到的那样，它们的新颖处只在于它们非常合理的名字——垃圾债券。

华尔街新一代年轻人的记忆似乎注定是短暂的。一些极具戏剧性的投机操作者也备受追捧，

1987 年市场崩盘套住了里根时代的新一代投机者。上图为华尔街人士从报纸上得知噩耗

这些人实际上也将迎来耻辱和牢狱之灾。[丹尼斯·利文（Dennis Levine）和伊万·布斯基（Ivan Boesky）正是这一代中的最有名气的人物，在大崩盘前他们被寄予厚望。]迈克尔·米尔肯和德崇证券是垃圾债券替代股票的主要倡导者，在崩盘之后，他们的日子也不好过。米尔肯违反了证券监管法规，而德崇证券先是对公司高管先前的业绩给予了奖励，后来却惊人地陷入破产的境地。立场毫不偏激的《财富》（*Fortune*）杂志对德崇证券的偏离正轨的结局给出了如下结论：

> 是德崇证券自己将自己置于如此境地的呢，还是它只是单纯的被害者？真相是，这是一种自杀行为——但同时它也是被谋杀的。这家公司变得如此强大，导致其员工认为可以为所欲为，而不必担心会遭到报复。因此，他们威胁要收购财富500强公司，认为不会在政治上遭到报复。同样因为这一理由，他们最大限度地利

用自己和客户，不为债券不再流行的那一天做准备。德崇证券某前高管声称："看见了吧，我们认为'我们坚不可摧'。"

如果他们足够机灵、敏感和聪明，米尔肯个人及其公司同事就不会冒着失去个人名声和遭受公众耻辱的风险去进行投机了。他们再一次被金钱引入歧途。

1987年的崩盘及其结果严格遵循了以往的模式，是可预测的，我曾大胆进行了相关预测。1987年年初，在《大西洋月刊》（*The Atlantic*）上，我对它和1929年金融危机的相似之处进行了比较，我谈到："清算的那天……市场的下跌似乎没有尽头。"除此之外，我还指出了一条被盛赞的真理："华尔街最古老的规律将重现：金融天才只存在于市场崩盘之前。"

不过，我在那篇文章中也提到，这次崩盘给经济带来的破坏比1929年的那次破坏要小。有些事情改变了。这次，出现了在1929年经济危机后还没有的事物——社会福利制度、农业收入补助（农业经济不再占主导地位）、工会对薪资的支持、银行存款保险（对储蓄贷款协会也同样适用）以及政府为维持经济活动而大量采取的凯恩斯主义政策。所有这些都增强了经济的韧性，因而，在发生长期严重的萧条时，市场不再那么脆弱。

1987年崩盘结束后，即便以过去惊人的标准来看，有关人士逃避责任的举动也是非常令人吃惊。首次出面回应此次崩盘的是前任财政部部长、专业的公共发言人以及大公司的首席执行官。他们联名在《纽约时报》的一则广告上发出声明，将此次股市崩盘归咎于联邦政府的预算赤字。这个问题已持续存在多年，早在里根总统执政的前6年，预算赤字在财政保守派看来就达到了足以引起警惕的规模。不过，直到十月那个可怕的早晨，人们才意识到这一点。金融市场一下子明白过来。这一次，身居高位的金融界人士掩盖真相的能力再次到了荒谬的地步。

接着，纽约证券交易所（NYSE）、美国证券交易委员会（SEC）和一个高级总统特别工作组进行了一系列研究。这些研究涵盖了从略微相关到完全荒谬的各种内容。其中由里根总统授权、尼古拉斯·F. 布雷迪（Nicholas F. Brady）负责的那份报告引起了最大的关注。它没有完全忽视此前的投机；报告开篇的五六页主要为图表，确认了的确存在"牛市"，报告在附录的研究评论中大胆明智地表示："所有的事情，无论好坏，最终都将结束。全球牛市在1987年10月也是如此结束了。"然而，这项研究忽略了最基本的真相，反倒对细枝末节的因素大加强调，比如程序化交易、投资组合保险以及语焉不详的专家不当行为。（"十月市场崩溃期间，纽约证券交易所的专家随着时间的推移改变行动，各个专家的表现也各不相同。"）除此之外，作为一个逻辑上的惊人跳跃，该研究指出某些监管是市场崩溃的元凶之一。然而，投机及其后果周而复始地发生、是市场固有的一部分以及作为市场的不幸特征已有几个世纪的历史，这些在报告中却几乎未提。

其他研究也无不同。美国证券交易委员会出具的报告重量总共不到5磅，内容都是关于崩盘期间的市场表现和"策略"。它并没有提到导致崩盘的原因。报告称，总而言之，程序化交易已经用基于计算机的技术智能取代了人类，这项技术会以一种前所未有的方式突然大量发出卖出指令。

指数交易和期权交易确实加剧了市场的赌场效应。然而，个人、投机基金、养老基金和其他机构怀着天真的高期望进入赌场，他们被认为是无辜的。

国会就此次股市崩盘召开了听证会，虽然有过考虑，但是最终没有通过任何针对特定赌场效应的立法。也许立法者内心深处认为，这些措施无法直击问题的核心。可悲的错误观念一次又一次地出现，认为那些拥有非凡金融洞察力和智慧的人有权不花力气就赚大钱，这种观念是无法通过立法改变的。

历史以及其给我们带来的震惊不会结束，也没有任何地域限制。1990年3月，日本股市大幅跳水，完全出人意料，东京市场的主要股票指数下跌了近四分之一。（但是日本人的聪明才智发挥了作用。一家与日本有联系的大投资机构报道称："他们正在讨论修改会计准则，这样在股市中亏损的机构就能够对这一事实保密。"）《华盛顿邮报》（*The Washington Post*）的一篇报道谈到了此前所料想到的："这已经是公认的看法……在政府和大型投资公司的操纵下，日本股市只能继续上涨，以筹集资金，从而支持日本出口挤占海外市场。"

在过去的几个月里，就在我写这本书的时候，加拿大有消息称，罗伯·甘皮奥先生的高杠杆业务已经崩溃。这些高杠杆业务使得北美大陆最大的零售企业背负着沉重的债务负担。人们怀疑他们是否有充足的资金购买他们需要出售的商品。这位非同寻常的加拿大房地产经营者的事业恰如过山车一般忽上忽下，他究竟能为布鲁明戴尔百货（Bloomingdale's）这样的公司做些什么，在清算日之前却鲜有人问。曾经的评论员，纽约零售顾问霍华德·大卫德维茨（Howard Davidowitz）曾在《麦克林杂志》（*Maclean's*）中这

样评价他："他是那种坐在桌子前面挥舞着拳头大喊'快做交易'且没人能阻止的人。"无独有偶，《财富》杂志也抓住了精髓："史上规模最大的糊涂交易。看怪人罗伯·甘皮奥和他那些贪婪的银行家们如何策划

加拿大房地产开发商罗伯·甘皮奥因其企业深陷债务危机而被免去董事长职务

一个巨大的收购案并迅速破产的。"

不用说，这些备受争议的银行家都曾是北美大陆最负盛名的银行家。这些有声望的银行家也支持过唐纳德·特朗普的华丽建筑和他夸张的太空冒险。应该同情一下甘皮奥等人。新闻媒体和许多民众都挺高兴看到他们从高调的天才沦落为众矢之的。这是一种非常有选择性的态度。为这些人提供资金的银行有严重的判断失误，但几乎没有人提到过这一点。他们到底在做什么？但凡研究过电视的人都知道，花旗银行相信美国人不仅希望生存，而且希望成功。美国人民对银行家的偿付能力和良好判断力抱以期望，这点也应提及。有人问，有谁会认为用数亿美元的委托资金来支持这些公认的冒险家是明智之举？全国上下，对于那些在错误的，在乐观、愚蠢、直率、缺乏想象力的盗窃行为中，使储蓄贷款协会陷入有史以来最大的金融丑闻的人，我们也要问同样的问题。

第八章

历史重现

8

CHAPTER

　　生活中很少有像历史教训这样常见的参考资料。不了解历史教训的人注定要重蹈覆辙。然而，历史的经验教训不甚清晰，在涉及经济学时尤其如此。这是因为经济生活是一个不断变化的过程，其造成的结果是，亚当·斯密（Adam Smith）、约翰·斯图亚特·穆勒（John Stuart Mill）以及阿尔弗雷德·马歇尔（Alfred Marshall）这群早期学者所观察到的并不是对现在或未来确定无疑的指南。

　　然而，如果控制环境是相同的，历史的经验教训就很有说服力了。情况就是这样。

　　在这里，虽恐有啰唆之嫌，让我们来总结一下历史经验。自1636年至1637年的郁金香狂热以来，诱发人们反复陷入金融狂热的因素没有任何实质性的改变。个体和机构都陶醉于积累财富的满足感。相关的认知错觉又被公众普遍印象所遮蔽，即个人和他人的智慧与其富有程度密切相关。错觉随之演化为行动——无论是土地、证券，还是最近流行的艺术品，价格都被抬高了。价格的提高又强化了人们对个人和群体智慧的信奉。价格持续上升，直到群体的幻灭和崩盘的到来。大崩盘永远不会温柔地到来，这一点现在已经很清楚了。人们拼命地想逃离但基本上失效了。

这一过程中存在着一些被我们完全误解了的内在要素。参与者永远不想将愚蠢归咎于自己。而市场也是神圣不可侵犯的。有些责任可以归咎于过去投机者中更加声势浩大或罪大恶极的人，却不归咎于最近才被蛊惑的（并且现在已经清醒过来的）投机者。有些问题是最不重要的，却被强调了最多次，那就是：大崩盘是由什么引发的？是否存在某些使它更加激烈、更具戏剧性的特殊因素？谁应该受罚？

我已指出，正统观念接受的是市场内在的完美性。市场可以反映人为的、无关紧要的需求，也受垄断、不完全竞争或错误信息的影响，但除此之外，市场本质上是完善的。很明显，在投机事件中，上涨会进一步引发上涨，这也是市场本身的特性。最终市场崩溃的发生也是如此。然而，从正统角度讲，这种思想是不可接受的，因此必须找出外部因素——就近代来说，外部因素包括1929年夏天的经济衰退、20世纪80年代的预算赤字以及造成1987年崩盘的"市场机制"。如果没有这些因素，市场可能会保持繁荣景象，也可能以温和的态势上涨或下跌，且不会造成痛苦。用这种方式看待市场，市场就被认定为没有内在的错误。在经济生活中，没有什么像大型投机事件一样被有意误解。

如果要问最后一个问题，那就是：我们应该怎么做？民众反复陷入不理智的情绪，这可完全算不上是资本主义的优点。人们付上的代价，对经济和社会的影响不容忽视。1929年大崩盘给经济造成了巨大的打击，我曾经指出，很显然，随后的经济萧条受崩盘影响。1987年之后，直到撰写本书之时，仍然存在着因杠杆活动而产生的大量剩余债务、那些创新性投资利息追索以及破产的创伤。此外，个人和养老基金在垃圾债券上的损失还有些残余的影响。

然而，我们除了加深对投机倾向和投机过程本身的认识，大概就没什么能做的了。通过监管在法律上禁止不可信的金融行为以及大众狂热并不具有可行性。如果将这种监管广泛施加于人类社会，那么我们的法律体系不仅会令人震惊、给人压迫感，而且无疑是无效的。

事实上，唯一的补救措施是强化公众的怀疑情绪，这样一旦出现过分的乐观态度，人们肯定就会多加留意，避免可能发生的疯狂的事，也会注意将个人的智慧和对财富的获取、部署或大笔资金的管理事务区分开。有一个经久不衰的规则，能为个体投资者，不用说还有养老基金和其他基金经理指引方向，那就是：和财富密切相关的人有可能而且是非常可能，陷入自我赞许当中，并且极易于犯下错误。这也是本书一直想要告诫读者的道理。

另一条规则是，如果兴奋的情绪充斥在市场的每一个角落，渗入到人们对投资前景的认识中，并且有人宣称是因为他具有独到的先见之明才看到了独特的机会，那么所有理智的人都应该严阵以待：是时候多加小心了。也许确实存在这样的机会，也许红海之下真的有宝藏。然而，丰富的历史经验证明，这通常是，或者总是错觉和自欺。

在总结本书时，有些问题必须要面对：下一场重大投机将在何时出现？在什么领域出现——是房地产、证券市场、艺术品，还是古董汽车？这些问题没有答案；无人知晓答案，任何自以为知晓答案的人都不知道自己不知道。但有件事是肯定的：投机还会卷土重来，甚至不止一次。人们早就说过，或早或晚，愚蠢的人注定要失去他们的钱。那些被大众的乐观情绪感染，坚信自己拥有聪明的金融头脑的人也会落得如此下场。几个世纪以来一向如此，因此在漫长的未来也将如此。